国际视野下的教育理论与实践

洛桑志玛 ◎ 著

中国商务出版社
·北京·

图书在版编目（CIP）数据

国际视野下的教育理论与实践 / 洛桑志玛著. -- 北京：中国商务出版社，2023.5
ISBN 978-7-5103-4685-9

Ⅰ．①国… Ⅱ．①洛… Ⅲ．①高等教育－教育理论 Ⅳ．①G640

中国国家版本馆 CIP 数据核字(2023)第 078164 号

国际视野下的教育理论与实践
GUOJI SHIYEXIA DE JIAOYU LILUN YU SHIJIAN

洛桑志玛　著

出　　版：	中国商务出版社
地　　址：	北京市东城区安外东后巷28号　　邮　编：100710
责任部门：	外语事业部（010-64283818）
责任编辑：	李自满
直销客服：	010-64283818
总 发 行：	中国商务出版社发行部　（010-64208388　64515150 ）
网购零售：	中国商务出版社淘宝店　（010-64286917）
网　　址：	http://www.cctpress.com
网　　店：	https://shop595663922.taobao.com
邮　　箱：	347675974@qq.com
印　　刷：	北京四海锦诚印刷技术有限公司
开　　本：	787毫米×1092毫米　1/16
印　　张：	11.25　　　　　　　　　　　　字　数：232千字
版　　次：	2024年4月第1版　　　　　　　　印　次：2024年4月第1次印刷
书　　号：	ISBN 978-7-5103-4685-9
定　　价：	66.00元

凡所购本版图书如有印装质量问题，请与本社印制部联系（电话：010-64248236）

 版权所有　盗版必究　（盗版侵权举报可发邮件到本社邮箱：cctp@cctpress.com）

前　言

随着全球化趋势的发展，我国和世界其他各国的联系越来越密切，作为负责任的大国，我国在世界舞台上扮演着越来越重要的角色。然而，由于各国文化背景、生活方式和思维方式的不同，现代教育中培养适合国际化发展水平，具有国际化意识和胸怀，知识结构、视野和能力达到国际化水准，能够在全球化竞争中把握机遇和争取主动的高品质人才就显得至关重要。教育国际化是现代化教育发展的一种趋势，培养能够参与国际竞争的外向型、国际型人才是其重要任务和目标，也是当前教育改革需要考虑的重要问题。因此，在高等教育中对人才的培养应该放眼世界，而不能拘泥于传统的教学理念，教师可以通过吸收先进的外来文化，拓宽学生的国际视野，这是学生在未来国际竞争中获得优势的重要保障。

对于教育的解释经常是从政治、经济、文化、科技、人口等视角出发，而非从教育本身出发，结果就是教育学中"关于教育的理论"远多于"教育理论"，而"关于教育的学科"也比教育学更繁荣。高等教育既是教育的高级阶段，也是政治、经济、文化、科技等社会子系统的重要组成部分。基于此，借鉴社会科学的相关理论解释高等教育问题司空见惯。在起源上，高等教育研究是应高等教育实践的需要而产生，但真正驱动高等教育研究兴起的却是社会科学领域的理论。没有早期那些来自社会科学领域的研究者的加入，没有那些社会科学领域的研究者所带来的理论资源，高等教育研究不可能那么快就形成一个相对独立的研究领域。但也正是因为这种起源上的多学科的理论来源和外部驱动，高等教育研究又极其缺乏独特的理论。具体来说，当前高等教育研究中仍然充斥着大量来自其他学科的相关理论，独特的"高等教育理论"依然匮乏。这里所谓的"高等教育理论"，不包括"与高等教育相关的理论"，不同于"高等教育基本理论"，也不限于"高等教育的教育理论"。"与高等教育相关的理论"主要致力于从外部为高等教育研究提供学术资源，反映的是其他学科的视角；"高等教育基本理论"旨在对高等教育的目的、本质、功能、理念、体制、结构等基本问题给出回答。

本书从高等教育本质介绍入手，针对高等教育的目的、高等学校的教育主体与课程关系进行了分析研究；另外，对高等学校教学、大学生知识、技能的学习及其相应的教学指导、高等学校科学研究做了一定的介绍；还对国际视野下杜德施塔特高等教育思想与大学校长研究创新提出了一些建议；本书结构合理、条理清晰，内容全面、翔实，是一本兼有实用性与可读性的理论著作。

目 录

第一章 高等教育本质 ... 1
- 第一节 教育与高等教育 ... 1
- 第二节 高等教育的地位 ... 12
- 第三节 高等教育内外部基本关系 ... 19

第二章 高等教育目的 ... 27
- 第一节 教育方针与高等教育目的 ... 27
- 第二节 人的全面发展学说与素质教育 ... 34
- 第三节 高等学校培养目标 ... 39

第三章 高等学校的教育主体与课程关系 ... 48
- 第一节 高等学校的教师 ... 48
- 第二节 高等学校的学生 ... 56
- 第三节 高等学校的师生关系 ... 61
- 第四节 高等学校课程和课程体系 ... 63

第四章 高等学校教学 ... 69
- 第一节 高等学校教学方法 ... 69
- 第二节 高等学校教学评价 ... 80
- 第三节 大学生学业成绩考核 ... 83
- 第四节 现代教育技术 ... 90

第五章 大学生知识、技能的学习及其相应的教学指导 ………………… 95

  第一节 学习心理概述 ……………………………………………… 95

  第二节 专业知识学习与教学指导 ………………………………… 107

  第三节 技能学习与教学指导 ……………………………………… 120

第六章 高等学校科学研究 …………………………………………………… 129

  第一节 高等学校科学研究的意义与任务 ………………………… 129

  第二节 高等学校科学研究的类型与课题申报 …………………… 133

  第三节 高等学校科学研究的原则与组织 ………………………… 137

  第四节 高等学校科学研究成果的鉴定与转化 …………………… 141

第七章 国际视野下杜德施塔特高等教育思想与大学校长研究创新 ……… 146

  第一节 杜德施塔特高等教育思想的内在逻辑 …………………… 146

  第二节 杜德施塔特道路与大学校长的专业发展 ………………… 150

  第三节 当代大学校长研究与高等教育研究创新 ………………… 161

参考文献 ………………………………………………………………………… 170

第一章 高等教育本质

第一节 教育与高等教育

一、对教育本质的认识

瞿葆奎在其《教育基本理论之研究》中谈到教育本质的最后一段文字是这样的："探讨本质的路不止一条，而本质却只有一个；只有找寻到探讨本质的'正确的路径'，才能使教育本质的研究渐入'又一村'。这需要教育学界、哲学界、逻辑学界、社会学界、心理学界的共同努力。"[①] 这是瞿先生总结多年来教育研究的成果时对教育本质所做的基本结论。

这段话表明，一方面，教育本质的认识取决于"正确的路径"；另一方面，教育的本质还没有定论，仍是需要探讨的问题。

关于教育本质之争，共有多少观点，实难求全。据有关研究，至少有"生产力说""上层建筑说""基本属于上层建筑说""生产部门说""非生产部门说""双重属性说""统一说""桥梁说""多重属性说""特殊范畴说""社会实践说""生产实践说""精神实践说""人类加速自身建构与改造的实践说""培养人说""社会化说""个性化说""个体社会化完善化说""促进人类的本质属性的途径说""传授知识说""能力传递说""产业说""非产业说""相对说（转化说）"，此为24说。另有几种影响稍弱的，如："生产力之母说""影响灵魂说""社会遗传说""社会生活说"，共计28说。

一般来说，"本质"是教育本质的元概念。没有对本质的正确认识和理解，就无法保证对教育本质及高等教育本质的探讨沿着一条正确的道路进行。

哲学中的"本质"有三个要点：①事物的本质是由事物的内部矛盾、内部联系所构成，而不是该事物与外部联系方面；②本质所反映的内在矛盾是一贯的、稳定的、深刻的，而不是随外部条件随时变化的；③事物本质的改变，就是该事物质的规定性的改变，就是对事物的彻底否定。哲学上的这种本质观在很长一段时间里支配着人们把握教育本质的思路，这在一定意义上是合理的。但也有许多学者对此质疑，怀疑本质的规定性。

---

① 瞿葆奎. 教育基本理论之研究 [M]. 福州：福建教育出版社，1998：207.

时至今日,"本质是什么"这一令研究者头痛不已的问题仍悬而未决。教育本质讨论了几十年,至今不知"本质"为何物,听起来似是天方夜谭。但学术研究的残酷事实就是如此。

任何事物既有内部结构,也有外部关系。教育也不例外。因此,要揭示一事物(包括教育)的特点和规律,就既要从其内部结构去考察,也要从其外部关系去探究。人是教育的对象,是教育的起点亦是教育的终点,还是教育内部结构的核心。就教育理论建构来说,如果过多地强调从其外部关系去考察,忽视从其内部结构去探究,就会出现"教育学中无人"的现象,这是一种舍本逐末的做法。

二、从人性视角认识教育的本质

什么是人?这是一个古老而永恒的话题。古希腊时代,苏格拉底是第一个把目光从宇宙观转向人性观的哲学家。卡西尔说:"划分苏格拉底和前苏格拉底思想的标志恰恰是在人的问题上。""在苏格拉底那里,不再有一个独立的自然理论或一个独立的逻辑理论……唯一的问题只是人是什么。"[1]从此,西方开始了对人的自我认识和自我探索。在中国古代,从孔子提出"性相近,习相远"起,人性思想即有发端。人性思想随着中外历史各家各派的争论曲折发展,不断完善。

研究人,有两位伟人——达尔文和马克思,必须重视。谢姆考夫斯基说,生物学者达尔文是在同兽类密切关系上认识人类,而社会学者马克思则进一步在同兽类大有分别上认识人类。梁漱溟先生说:"应知:达尔文之认识到人兽间密切关系者是从人的个体生命一面来的,而马克思之认识到其间大有分别者却从人的社会生命一面来的。"[2]达尔文虽然解决了人与生物界的连续性,否定了人是上帝的创造物,但是片面强调人与生物界的连续性的后果之一是对人性产生曲解。事实上,每一个人都有作为个体生命和社会生命的两面。这不是人为地把人分割为两个部分,而是有机地统一于一人身上,它们是一体两面的关系。因此,考察人性既要分析人的个体生命一面,也要分析人的社会生命一面。下面是人本心理学者和马克思主义者关于人的本性的论述。

(一)人本心理学者关于人的本性的观点

1. 关于人的潜能

人本心理学者马斯洛认为,人有生理、安全、爱、尊重和自我实现五种需要。它们由低级到高级,越低级越优先满足。这些需要也可分为生理需要、心理需要和自我实现需要,

---

[1] 恩斯特·卡西尔. 人论[M]. 甘阳,译. 上海:上海译文出版社,1985:6-7.

[2] 梁漱溟. 人心与人生[M]. 上海:学林出版社,1984:3.

需要与潜能是相对等的概念。人有生理需要、心理需要和自我实现需要也可以说成人有生理潜能、心理潜能和创造潜能（自我实现潜能）。人在生物进化的阶梯上，有高于一般动物的心理潜能和创造潜能。潜能是人自身以萌芽或胚胎的形态具有的，正如人有胚胎形式的胳臂与腿一样，创造性、自发性、个性、真诚、关心别人、爱的能力、向往真理等，全都是胚胎形式的潜能，属于人类全体成员的，正如人的胳臂、腿、脑、眼睛一样。潜能是人的机体构成的作用，心理潜能和创造潜能较生理潜能微弱，是一种类似本能的微弱冲动，不像动物本能那样牢固，因此，有赖后天的学习和培养，才能得到充分的发展。

2. 关于人的价值

人本心理学者强调从人的本性中派生出价值体系。首先，他们认为潜能是价值的基础，人有高于一般动物的多种潜能，因此，人有高于一般动物的多种价值。正如能量需要释放，潜能也需要发挥出来，这是自然的倾向。其次，潜能决定价值，潜能的发挥就是价值的实现。人的最高潜能是自我实现潜能、是创造潜能，因此，创造潜能的实现是人的最高价值。人本心理学者的人的价值是从人的本性中派生的，称之为人的内在价值。

3. 关于人性发展趋向

正像一粒橡子"迫切趋向"长成一棵橡树那样，人在自己的本性中也"迫切趋向"人性的完善实现。人也有恶的一面，那是因为人的需要的受挫。在谈到成长与环境时，人本心理学者认为环境并不赋予人以潜能或智能，环境的作用最终是容许或帮助他，使他自己的潜能现实化，而不是实现环境的潜能。同一个母亲或同一种文化，以完全不同的方式对待一只小猫或小狗，不可能把它们制造成人的。文化是阳光、食物和水，但它不是种子。

（二）马克思主义者关于人的本性的观点

1. 人性的研究必须从现实的人出发

以往对人性的研究，都是从脱离社会的人出发，这是一种抽象的人性观。"对抽象的人的崇拜，必须由关于现实的人及其历史发展的科学来代替，现实的人是在一定历史条件和关系中从事实际活动（首先是生产活动）的人。"[1]马克思在《关于费尔巴哈的提纲》中说："唯物主义的立脚点则是人类社会或社会化了的人类。"[2]这句话明确地宣布：马克思主义哲学所研究的人是社会化了的人，是人类社会。

2. 人的本质是一切社会关系的总和

人不仅是自然存在物，而且是类的存在物；生产生活就是类生活，人的类特性是自由

---

[1] 中国历史唯物主义研究会. 论人性异化人道主义 [M]. 北京：清华大学出版社，1983：24.

[2] 曾钊新. 人性论 [M]. 长沙：中南工业大学出版社，1988：34.

的自觉的活动。人和动物可以根据自我意识等来区别，但最后的本质区别是生产劳动。人类通过生产劳动能动地改造环境的同时，也改造了人类自身，所以说劳动创造了人，实践创造了人。生产总是指社会个人的生产，因而人是社会的动物，而且是只有在社会中才能独立的动物。人在生产劳动的过程中形成各种关系，首先是生产关系，也结成了同事关系、师徒关系、爱情关系等，法律和政治关系只是生产关系的表现。在谈及人的价值时，马克思肯定人的内在价值，但更强调人的外在价值即社会价值，人的外在价值表现在人对推动社会发展所做出的贡献。

3. 人类本性是不断改变的

整个所谓世界历史不外是人通过人的劳动而诞生的过程；人是人类历史的前提，也是人类历史的产物和结果。人是什么样的，取决于他们进行生产的物质条件；人们的"内在本性"以及人们对这种本性的"意识"，向来都是历史的产物。"永恒的人性是不存在的，整个历史无非是人类本性的不断改变而已。"[①] 社会在发展，历史在前进，人性也在不断地完善，最终会由必然王国走向自由王国，在那里人是自然和自己的主宰者。

通过以上分析可知，人本主义心理学者从人的个体生命出发，研究人之所以为人；马克思主义者从人的社会生命出发，探讨人之所以为人。前者重视人的潜能、人的创造性、人的好奇心与健康人格，强调个体自我实现的内在价值，但不足之处在于忽视了人的社会生命；而后者正是从人的社会生命入手，认识到社会环境对个体后天发展的根本作用，得出"劳动创造了人、历史创造了人"的精辟论断，它在肯定人的内在价值的同时，特别强调了人的外在价值在于推动社会的发展。

在人本主义人性观和马克思主义人性观的基础上，考察人性必须从人的个体生命与社会生命两个方面入手。首先，每个人作为个体的存在，是现实的、可感的对象，而不是虚幻的、超验的，一切对人的认识都必须从这里出发，即承认人是一种实然的存在；其次，正如人本主义者所描述的"人的终极价值在于自我实现"、马克思主义者所阐明的"人最终会从必然王国走向自由王国"那样，人性渴求有一个完美的境地，在那个境地，人是对自己本质的真正占有者，即同时承认人又是一种应然的存在；最后，人总是一定社会中的人，处于一定社会关系中，他不是被动地适应既定的存在，而是创造性地、能动地超越种种给定性，实现自己所追寻的自我发展和自我确证。人总是存在于这种实然与应然的肯定与否定的动态过程之中，从这里才能窥见到人之为人的根本。

三、建立在人性规定基础上的教育本质

任何教育理论都是在一定人性假设的基础之上建构的，如孔子的教育主张是建立在他

---

① 中国历史唯物主义研究会. 论人性异化人道主义[M]. 北京：清华大学出版社，1983：65.

的"性善说"基础上的。在此所论述的教育的本质是建立在以上人性假设之上，既然人性是假设，那么教育的本质也只能是一种假设。这个假设包括哪些内容呢？

（一）教育就是发挥人的潜能

从人的个体生命来说，人首先是一种实然的存在，这种存在不同于动物之处在于：人有一种具有一定结构的高于动物的潜能。这没有异议，世上有"狼孩"之事，但狼与人共生，狼是不会成为"人狼"的。人本主义者的"潜能说"是非常有价值的。创造性、自发性、个性、真诚、关心别人、爱的能力、向往真理等，全都是胚胎形式的潜能，属于人类全体成员，这就为当代教育学强调教育对象的能动性、主体性、个性化和创造性找到一种可能性或一种萌芽。但是这些潜能仅仅是人体内一种类似本能的微弱冲动、一种可能性或萌芽，要使可能性转化为现实性，要使萌芽不会夭折，就要兴教育人，在教育中不断引导、发展、完善和巩固它们。

（二）教育就是发现人的价值

任何人生在世界上都是有一定的价值的。人本主义者从人的个体生命出发，认为人的终极价值是自我实现；马克思主义者从人的社会生命出发，认为人类的最高境界是共产主义，在这里人类由必然王国进入了自由王国，人是自己、世界的主宰者。前者重视人的内在价值；后者在肯定人的内在价值的同时，强调人的外在价值。二者并不矛盾，而是有机统一的，内在价值是外在价值的基础，外在价值是内在价值的表现。

但是，上述人的价值不是一时就能发现和认识的。从历史上看，原始社会由于生产力低下，人的生存经常受到外在客观力量的威胁，因而总觉得自己软弱无力，看不到自己已有和应有的地位和作用。在封建社会，封建统治严重桎梏了人的价值。资本主义社会对人的价值有了进一步的发现，但也受到了种种的干扰。由此看来，到目前为止，人的价值尚未获得充分的发现与全面而深入的认识，所以必须借助教育。首先，教育使人类获得知识，这样人类才能睁开被蒙住的双眼；其次，教育引导人们创造性地、能动地超越种种给定性，逐步从实然走向应然，从而坚持人的主体地位，发挥其主体作用。只有这样人才能逐步发现自己应有的内在和外在价值。所以说，教育就是引导人们发现个人的价值和人类的价值。

（三）教育就是通过文化的传递、内化、融合和创新使个体社会化

一个自然人来到世上便具有了成为人的一切可能性，但这种可能性向什么方向发展、成为什么样的现实，是由后天决定的，这就需要借助教育。教育是教育者有计划地根据社会的需求对受教育者身心施加一定的影响使其符合教育者的意图。因此，社会的需求是人

的发展方向，施加的影响就是文化的传递、内化、融合和创新。文化，指广义的文化，包括人文与科学。对学校而言，它不但是一种学识、一种智慧、一种氛围，更是一种人格、一种精神。教师通过教学传递文化，学生把文化内化为自己的素质，师生结合社会实际不断创造新的文化。这样，个体就成了既定社会的个体，一个能融入当前社会的个体，他具有了既定社会所需的学识、智慧和品格。值得注意的是，从人的个体生命来看，人的本性的发展方向是自我实现；但从人的社会生命来看，社会需求是人的发展方向。只有当自我实现与社会需求相一致，人性才能得到完美的发展，否则就会出现人的异化。

（四）教育的本质属性在于引导完备人性的建构与发展

教育通过文化的传递、内化、融合和创新使个体社会化，个体就成了既定社会个体，拥有了某种知识、能力、道德品质、行为规范等，这是一种实然的存在，但教育不仅如此。人总是存在于实然与应然的肯定与否定的动态过程之中，能动地、创造性地打破既定实然，而向应然腾飞。因此，教育本质属性更应当主要表现为：它要使受教育者能够在已有的各种现实规定性中奋起，去追求新的自我、新的世界；使得一切文化知识、道德规范等的接纳，在他们身上产生生成性的变化，转化为创造的潜力；使得受教育者能以一种批判的向度去面对、掌握、审视现实生活。人既是他正在成为的那种人，同时又是他理想向往的那种人，所以教育既要使人是其所是，又要使人是其所应是。

从以上分析可知，人既是个体生命与社会生命的统一，又是实然与应然的统一。建立在这种人性假设基础上的教育实践，既能促进个体的发展，又能促进社会的发展；既能促进个体适应社会，又能促进个体的创新。总之，这种教育实践使人得到全面充分的发展，进而推动社会的进步。相反，如果失去了一半的人性假设，就会导致失掉了另一半的教育，而这种失掉了另一半的教育，培养的与其说是失掉了一半的人，不如说尚不是真正意义上自由自觉活动的人。因此，从基本的意义来说，教育是最人道的，因为它要讲理、讲道、讲技，总是围绕人来展开；离开了人，教育就会成为无本之木。

四、高等教育的概念与本质特征

（一）高等教育是一个发展变化的概念

高等教育是一个发展的概念和事物。考察高等教育的历史演进过程，我们不难发现，这一人类教育活动很难说具体发生在何时，但毕竟源远流长，从原始起源、萌芽、成形到完善，经过了漫长的历史嬗变过程。它的内涵在不断地演变着，它的形式在不断地发展着，它的职能也在不断地丰富着。即使到了今天，它仍处在剧烈的变革和进步之中。

1. 不同时期概念的演变

中世纪大学是近现代高等教育的直接渊源。它是在仿照行会组织的基础上发展起来的由教师和学生组成的一种专门的、独立的学术与教育机构，并初步建立了比较完善的教育活动体系，其组织形式、管理制度、教学方式等都为近现代高等教育活动所直接继承下来。在中世纪，高等教育仅限于大学教育，高等学历教育（higher education）概念可以直接用大学教育（university education）来指代。中世纪大学是围绕学科、专业来组织教育活动的，成为一种进行专业教育的机构。

资产阶级革命后，尤其是工业革命时期，欧洲各国教育制度基本确立，中等教育逐步与高等教育衔接起来，一些中等学校成为大学教育的预备机构，其主要目标是为学生升入大学做准备。这样，大学教育开始建基于中等教育的基础之上，并且不断地制度化、规范化。

现在，高等教育概念的变化使高等教育服务对象也发生了变化，开始回复到历史上无年龄限制的教育形式上，受教育者在年龄上已不存在明确的界限。高等教育由原来的"英才教育""尖子教育"演变为"大众化""普及化"的高等教育。

2. 不同国家概念的不同界定

由于政治、历史文化的差异，不同国家对高等教育概念的界定也不完全一致。

联合国教科文组织于1962年在非洲举行的一次会议中曾提出如下的定义："高等教育是由大学、文理学院、理工学院、师范学院等机构实施的各种类型的教育。①基本的入学条件是受完中等教育（普通、技术、职业中等教育或中等师范教育）；②通常入学年龄为18岁；③修完课程即授予相应的学位、文凭或高等学习证书。"

联合国教科文组织于1976年制定的《国际教育标准分类》，对中等以上教育定名为"第三级教育"（tertiary education），以完成中等教育（第二级教育）或具有同等学力证明为进入本级教育的最低要求。它包括由大学、各级各类独立学院、高等专科学校、各种成人教育机构及其他有关机构实施的该级正规和非正规教育。因此，一般认为"第三级教育"与"高等教育"同义。但在有的国家（如英国），"第三级教育"仅指属于高等教育水平的继续教育而不包括普通高等教育。

《苏联百科词典》中界定高等教育"是继中学教育后在高等学校里所获得的专门教育，是国民经济、科学和文化各部门中具有高等技能的专家所必备的教育"。

我国《教育大辞典》的定义是："高等教育（higher education）是中等教育以上程度的各种专业教育及少量高等教育机构设置的一般教育课程计划所提供的教育。"

《中国大百科全书》规定："高等教育是建立在中等教育基础之上的各种专业教育。程度上一般分为专修科、本科和研究生班。教学组织和形式有全日制的和业余的、面授的和非面授的、学校形式的和非学校形式的等。高等教育一般担负着培养各种专门人才和开展科学研究的双重任务。按各国的传统习惯，实施高等教育的机构通常是大学、学院和专科学校。"

《中华人民共和国高等教育法》第二条规定："本法所称高等教育，是指完成高级中等教育基础上实施的教育。"

上述各种定义的具体说法虽有所差异，但都包括下列三点内容：①受教育者具有中等教育以上程度；②由专门机构实施教育；③修完规定的课程即授予相应的学位、文凭或证书。

（二）高等教育的本质属性

任何事物都有许多属性，可分为本质属性和非本质属性。凡体现该事物的基本特征，并以此区别于其他事物的属性，是该事物的本质属性；不体现该事物的基本特征的属性为非本质属性。

为了给判定事物的某一属性是否该事物的本质属性提供一个辨别标准或一个共同的衡量尺度，洪宝书提出了三个基本准则：①它是该类事物最一般、最普遍、最稳定的性质，是该类事物必然具有的属性；②它是该类事物区别于其他事物的原因和依据，是其他事物所没有而为该类事物所特有的属性；③事物的一切非本质属性，都是本质属性在不同侧面的表现。因此，从事物的本质属性出发，可以科学地解析事物的一切非本质属性的产生和发展。根据这一观点，高等教育的本质属性是什么呢？

在有关教育本质的讨论中，虽然有着各种不同的论点，但概括起来，大致有以下几种：第一，主张教育是上层建筑；第二，主张教育是生产力；第三，主张教育一部分是上层建筑，一部分是生产力；第四，认为教育是不能用生产力、经济基础、上层建筑等范畴来归类的社会现象，教育是一种特殊的社会实践。上述四种主张对我们都有一些启示，但也有一定的片面性。主张教育是上层建筑的观点，对教育的复杂性，特别是教育与生产力的关系，就缺乏有力的说明；主张教育是生产力的观点，容易忽视对人的全面培养；主张教育是实践活动的观点，也缺乏全面说明教育这种实践活动与其他社会实践活动的区别和联系。关于教育本质的讨论，无论是教育属于上层建筑说，还是教育是生产力说，或者教育是特殊社会实践说，都还是在教育与社会的关系中做文章。这启示我们，教育的本质是教育自身所固有的、较稳定的根本性质，是教育区别于其他一切事物的特殊属性。在中外教育史上，尽管对教育的解说各不相同，但有一点是一致的，就是都将培养人的活动视为教育区别于其他一切事物的根本特征。可见，教育是培养人的一种社会活动，是发挥人的潜力、发现人的价值，是通过文化的传递、内化、融合和创新使个体社会化，其本质属性在于引导完备人性的建构与发展。更具体一点儿，在教育活动中，既要体现出社会的要求，又要反映出人的身心发展的规律；既要"是其所是"，又要"是其所应是"。

我们知道，教育，特别是高等教育，受政治、经济等的制约，又对政治、经济等起着巨大的反作用，具有上层建筑的社会属性。这种社会属性，在不同地区、不同国家、不同社会形态以及不同社会的不同发展阶段，所表现出来的性质和特点也不尽相同。在阶级社会里，统治阶级总是要使教育反映其要求和意志并为其服务。高等教育的阶级属性主要表现在为什么人服务，由什么人掌握领导权，坚持什么样的办学方向，贯彻什么样的教育方针，灌输什么样的意识形态和世界观，倡导什么样的道德标准和价值观念，培养什么样的人才等。

高等教育的上层建筑属性，主要表现在高等教育与政治的关系上。一方面，高等教育受政治的制约。首先，国家通过制定教育方针和教育制度，以及一些有关的政策、法令、规章，把一定阶级或政党的政治准则、要求，贯彻到培养人的各个方面中；其次，高等教育的领导权掌握在统治者手上；最后，政治决定着接受高等教育的权利。另一方面，高等教育为政治服务，表现为通过专门人才的培养来为政治服务。其一，高等教育根据国家所制定的教育方针、教育目的、培养目标，培养具有符合统治阶级意志与政治意识的人才，以维护统治阶级的利益，巩固社会的政治制度；其二，高等教育通过培养各级各类专门人才，促进生产力提高，发展国民经济，增强国力，巩固经济制度；其三，高等教育为国家培养专门的政治、法律人才，为统治阶级的政治直接服务。

教育，特别是高等教育，不仅是劳动生产力再生产的重要手段，而且是促进科学技术发展、提高社会生产力、提升社会文明的重要手段，具有生产力的社会属性。对高等教育的生产力属性的认识，不仅对认识现代高等教育的本质、功能、地位、作用等具有重要的理论意义，而且对高等教育的投入、对发展战略的制定、对高等学校职能的认识以及对高等教育的改革都具有现实的指导意义。

而且，高等教育与其他教育一样，还包括既不是生产力也不是上层建筑的成分。正如胡乔木同志所说的"教育现象很复杂"。教育的任务是非常广泛的，差不多与生活一样广阔。生活的全部经验都要靠教育传递下去。作为一个科学定义，教育的定义比历史唯物主义的某些公式包含的内容要广泛得多，不能简单地按照马克思、恩格斯的历史唯物主义的现成公式来解释。马克思、恩格斯的历史唯物主义当时主要着眼于社会生活中最本质的东西，而社会生活要比根本的东西宽广得多。高等教育确实是一种复杂的社会现象。高等教育的本质需要参照教育本质的认识，但简单地从一般教育本质的理解来推演是无法把握其本质属性的。无论是高等教育还是高等学校，都是发展变化的概念和事物，似乎在国际上尚无为人们广泛接受的界定。从根本上说，对高等教育本质属性理解分歧的原因，就在于人们对历史发展中的高等教育认识的差异性及其现实表现的复杂性、多样性。

（三）高等教育的基本特征

基于不同研究者的不同认识和理解，对高等教育基本特征和本质属性的把握就有差别。高等教育基本特征是本质属性的表现。把握了高等教育的基本特征，才有可能进一步了解和理解高等教育的本质属性。

高等教育与教育同属教育范畴，因而它们有共同的基本特征和规律，但是由于高等教育是高层次的教育，它的对象和任务不同于一般的教育，所以高等教育又有自身的特殊性。

1. 性质任务的特征——高等专门性

高等教育是建立在普通教育（或基础教育）基础上的专业性教育，以培养各种专门人才为目标。它所培养的专门人才，可以直接进入社会各个职业领域从事专门工作。如果把高等教育的起源追溯到古希腊的"学园"，甚至更早（在我国，高等教育起源于西汉的"太学"或战国时期的"稷下学宫"），那么，这类高等教育也是有专业性的。12世纪、13世纪西欧的大学，包括意大利的波隆那大学，法国的巴黎大学和英国的牛津大学、剑桥大学等，一开始就带有一定的专业性。

2. 教育对象的特征——身心成熟性

大学生一般是18岁以上的青年，他们的身心发展已趋于成熟。我国全日制普通高等学校本科大学生，在20岁左右；研究生、成人高等学校学生，不少已是超过青年期的成人，他们的身心发展更为成熟。

从生理特征来看，大学生的发育已经成熟，主要标志就是性的成熟。骨骼、肌肉、心脏、循环系统与呼吸系统正进行着或已经完成了最后阶段的发展。体力有了明显的增长，特别是神经系统的发展基本上达到完善的程度，能够负担艰难的、深刻的脑力工作，兴奋和抑制过程之间趋于平衡。不像少年期那样易于冲动，但还没有中年人那样平稳。

从心理特征来看，由于中枢神经活动的大脑皮质的发展，特别是长期以来接受系统思维训练的结果和生活经验的扩大，大学生的感觉和知觉更加趋于深刻和精密，定向注意力能够持续很久，逻辑记忆能力有了较高的发展，善于运用联想，掌握记忆的规律，不喜欢机械的记忆，喜欢根据自己的观察对事物下独立的判断，分析、综合、演绎、归纳的能力已经具备，比中学生更能抓住事物的主要方面与深入事物的本质。由于思维能力的加强，许多大学生喜欢进行抽象问题的思考与争辩，诸如事物的本质、空间与时间的无限性、人生哲学等。

从性格特征来看，大学生创造性的想象力和少年儿童一样，仍然是很丰富活泼的，但与现实联系得较好，想象的目的性与随意性加强了，因此，具有较高的社会价值与艺术价值；大学生的幻想表现为比较明显地对理想的追求，不像少年儿童那样仅有朦胧的远景。大学生的兴趣特点是比较集中与持久；感情比起少年期、青年期和青年早期是较为稳定与深入的，感情与理智有了一定的结合，兴奋与抑制较为平衡；意志比少年更明确和坚定。

3. 劳动过程的特征——复杂精神性

教育劳动使学生获得发展，不仅使身体（肉体）得以训练，更主要地使附着在不同个体身上的思想和精神（包括观念、情感、态度、价值观等）在个体间传递与流通，它不是物质的简单交换与馈赠。教育主要是培育学生的理性和发展其精神的。可见，教育劳动的过程，更核心与更实质的是思想和精神的。

从投入过程来看，教育劳动既有物质和经费的投入，更有信息和精神的投入。物质和经费的投入是一种分割，遵循着"分割原理"。正如一种自然资源采掘出来出售给另一地区，却以它的同量减少为代价。在分割的过程中，物力和财力并不增值，总量一定，份数越多分量越少；投入以后，它才升值，且这种升值的速度是缓慢的。然而，信息与精神的投入是一种分享，遵循着"分享原理"。在分享的过程中，它是随着主体的增加而总量不断增加的，其投入具有传递效应、增值效应和活化效应。

教育活动领域既有物力与财力的投入，也有信息与精神的投入，还有时间、时机的选择与投入等。因而，这种投入是一种综合的投入，是"硬投入"和"软投入"的有机结合。在教育过程中，精神的投入不但不会被消耗掉，而且会得到更大的增值，创造出新的价值；物质和经费的投入是易耗的，且只是表层的，是思想和精神投入的制约和保障。这种劳动过程和价值的不同，用"造原子弹"和"卖盐茶蛋"来比喻，是很形象和易于理解的，这也决定了它们之间的劳动形式、成果分享、收入分配原则的不同。高等教育作为教育的高级阶段，加之主体的高等复杂性，是复杂的高级的智力活动。它需要将科学研究引入教学，教师和学生相互交流、相互促进，是一种复杂的精神性创造过程。精神性意味着难以看到，有时不可度量。

以上三大特征说明，高等教育应当有着不同于初等、中等教育的内容、方法和组织形式。而高等学校教师必须充分考虑到这些特征，才能更好地把握作为教育者的职责和要求。高等教育研究工作也有许多特殊问题需要探究，是教育理论工作重要与广阔的园地。对这些特殊性的研究，是整个教育科学工作的一个重要组成部分，却不是以普通学校教育为对象的普通教育学所能概括和容纳的。

第二节 高等教育的地位

一、高等教育的价值

关于什么是价值，历来有多种不同的看法。我国哲学界学者从马克思主义哲学出发，给价值如下定义："价值，是反映价值关系实质的哲学概念。在主客体相互关系中，客体是否按照主体的尺度满足主体需要，是否对主体的发展具有肯定的作用，这种作用或关系的表现就成为价值。"[1] 简而言之，价值就是客体与主体需要之间的一种特定关系。

尽管现代高等教育增加了新的经济功能，能带来可观的经济效益，满足人类物质生活的需要，具有一定的物质价值。但是，高等教育的主体仍然是传授知识的教育活动与发现知识的科学活动，以此满足个人与社会的精神生活需要。所以，高等教育两个最基本的价值应是其本体价值与社会价值。

（一）高等教育的本体价值与社会价值

1. 高等教育的本体价值

高等教育的本体价值即高等教育的个人价值。高等教育正是在对个体产生作用、满足每个人的求知欲望、帮助实现每一个人的目标的过程中和基础上，体现着其他的价值与功能。由于教育是发展人的一种特殊手段，离开了人自身的发展，教育就无从反映和促进社会的发展，教育本身也不会存在。因此，在高等教育价值体系中，最为基础的高等教育的本体价值，是高等教育促进个人发展的价值。它包括以下两个方面：

（1）促进个人发展知识能力的价值

接受高等教育首先意味着个人知识量的增长与知识质的变化。知识量的增长体现在：人们在高等教育环境中，在教育者的指点下，以较少的时间获得人类长期积累起来的大量知识；知识的质的变化体现在：接受高等教育之后，个人的知识由原来的普通的、一般的科学文化知识变为以普通科学文化知识为基础的专业科学知识，形成个人具有明显专业倾向特征的知识结构。可以认为，只有同时具备基础知识与专业知识的知识结构才是高层次人才合理的知识结构。高等教育对于个人知识发展的价值不仅在于量，更在于这种合理知识结构的形成。当然，形成合理的知识结构除接受高等教育外，还有其他途径。但是，高

---

[1] 李德顺. 价值论 [M]. 北京：中国人民大学出版社，1987：108.

等教育毕竟是人类社会迄今为止形成个体合理知识结构的最理想的方式。合理的知识结构的形成对于个人接受新知识、发现新知识具有重要的作用。

接受高等教育还意味着个人智力的迅速发展与能力的不断增长。智力发展与知识增加，特别是与知识结构的形成之间存在一定的正相关关系。在一般情况下，知识增加、知识结构形成总是促进智力发展的积极因素，这是因为知识是思维活动的内容与工具。没有知识，或知识甚少，何谈思维力及智力的提高？

此外，大学教学方法、围绕教育开展的一系列研究和实践活动、大学教师在教学中的许多富于启迪性的思想，等等，都成为促进受教育者个人能力发展的有利因素。

（2）促进个人提高文明素养的价值

随着人类文明的不断进步，人类的知识水平也在不断地提高，而人类知识水平的提高又促进了人类文明不断发展。从现代世界各国的发展状况来看，知识水平的高低与社会的文明程度是成正比的。

人类、国家、社会如此，个人也如此。在高等教育发展的历史上，有些国家的大学曾经一度甚至以提高个人的文明素养作为教育的唯一目标或主要目标。大学的存在也主要是为了满足社会上一部分人文明修养方面的需要，提高个人的文明素养，成为高等教育的主要价值。

尽管在现代高等教育活动中，这种极端的例子也许已不复存在，或者即使存在也只是不足以反映全体的个别现象。但是，高等教育提高个人文明素养的价值并没有消失。许多国家实施高等教育中的普通教育，加强对大学生的行为指导，其目的之一是为了培养大学生的文明素质。在培养大学生文明素质中发挥很大作用的，不仅有大学中设置的一些课程与安排的一些活动，即显在的影响，更有大学的精神氛围。校园文化与社会上其他一些机构的精神氛围与亚文化相比，最大的特点是它的求真、创造、高知识、高文明。大学的精神氛围和校园文化弥漫在校园的各个角落，渗透大学生的学习和生活，给他们个人以潜移默化的影响。这种潜移默化的影响往往是较为深刻、持久的。

2. 高等教育的社会价值

高等教育的社会价值反映了高等教育客体与社会主体需要之间的关系。这里主要从社会学的角度认识高等教育的社会价值。

（1）社会化

社会化是个人学习社会文化的过程。从出生起，个体就始终处在社会化之中。人的社会化是一个多层面、多内容、多方向、多阶段的复杂结构。在人生的不同阶段，社会化的特点、内容、方式、功效均有所不同。社会有多种机构执行着社会化的职责。人们甚至认为，教育过程实质上就是人的社会化过程。

社会化的最佳时期从整体上讲是青年期。这是因为，青年时期人的认识水平有了一定的发展，认识水平的高低在相当程度上决定着评价能力与行为走向；青年的自我意识逐渐成熟，在此基础上，开始形成较强的自我意识；跨过18岁的青年，具有了法律规定的选举权、被选举权等公民的基本权利，可以作为一个"社会人"参与社会活动。青年的社会化受到多种因素的影响。对于大学生来说，大学教育是主要的影响因素。首先，大学是代表社会向大学生施教的教育者，大学生是接受大学教育的学习者；其次，大学教育对大学生社会化的影响是有目的、有计划、有组织的，这种影响不仅体现了社会要求，也反映了大学生身心发展和社会化的客观规律。因此，大学教育作为大学生社会化过程中的主要影响因素，发挥着重要的导向作用。

（2）社会选择

社会是由属于不同阶级或阶层、置身于不同文化背景、具有不同能力、愿望不同的个人所组成的。社会中个人的发展方式、发展程度、发展道路与社会选择有着密切的关系。所谓社会选择，即社会依据一定的规则，给个体提供不同的发展机会，并由此影响个体的发展进度、程度与社会地位。

高等教育担负着为社会培养各种专门人才的任务，高等教育的社会选择对于社会发展具有重要的意义。高等教育的社会选择主要体现在两个环节上：入学前的选择与入学后的选择。两种选择的方式不同，性质有别。入学前的选择，即大学招生，其基本性质是选优，即将具有接受高等教育能力的个人选入高等学校进行培养；入学后选择的性质是汰劣。择优与汰劣相结合，完整地实现高等教育的社会选择价值。

（3）社会流动

社会流动是指一个人从一种社会地位或阶级向另一种社会地位或阶级的运动，包括上向、下向和水平运动。在封闭社会中，个人的社会地位具有"先赋"性质，不易改变，社会流动的速率非常缓慢，人们几乎觉察不到；在开放社会中，个人的社会地位通过个人自己的努力，可以得到不断改变，社会流动成为一种重要的社会现象。

高等教育是促进社会流动的重要因素之一。高等教育促进的社会流动主要指"代际流动"，即下代所从事的职业与社会地位异于上代所从事的职业与地位。因此，高等教育赋予个人知识，增强个人能力，提升个人素质。高等教育促进的这种"代际流动"往往具有"上向流动"的性质。

（二）个人本位价值观、知识本位价值观和社会本位价值观

价值观是价值在主体观念上的反映。不同时代、不同角度、不同主体对价值有着不同的反映，因此，产生出不同的价值观。高等教育价值观是高等教育的价值在人们观念上的

反映。由于高等教育同时与个人主体、群体主体、社会主体发生关系，具有个体价值、文化价值、社会价值，即价值的多样性。因此，不同主体对高等教育多种价值反映侧重不同，就形成了价值观的多样性。不过，人们对高等教育价值观的认识与评价中，主要还是关注个人、知识、社会三者之间的关系，在这之间发生着不断的、持久的争论。以高等教育价值主要在于个人，还是在于知识或在于社会作为分界，形成了个人本位的高等教育价值观、知识本位的高等教育价值观和社会本位的高等教育价值观。

1. 个人本位的高等教育价值观

个人本位的高等教育价值观主张高等教育的基本价值或主要价值在于促进个人理智的发展，达到个性的完善。个人本位价值观是高等教育价值观中产生最早、至今仍很有影响的基本价值观。其主要观点包括以下三点：

（1）高等教育的价值在于促进个人理智的发展

促进理智的发展作为教育根本目的的论点，早在古希腊哲学家的著作中就已出现。亚里士多德在他的《政治学》中写道："对人来说，理性和精神是自然力求达到的目的，以至于公民的培育和道德训练，应该以它们为目的而进行安排。"[①] 这种理智发展作为教育目的的思想进入高等教育之后，成为个体本位高等教育价值观的基本观点。最先明确地从理论上系统提出高等教育应注重理智发展观点的是约翰·亨利·纽曼（John Henry Newman），1852年出版的由纽曼所著的《大学的理想》体现了其人文主义教育思想。纽曼认为，人文教育的目的就是使人的理智得到尽可能全面的发展。大学的课程应围绕训练心智安排、展开。另一位注重理智发展的是美国教育家罗伯特·赫钦斯（Robert Hutchins）。赫钦斯在他的《美国高等教育》一书中指出："理智的美德是由理智能力的训练而获得的习惯。一种受适当训练的理智，一种适当形成习惯的理智是一切领域里都能够起着很好作用的理智。因此，不论学生是否注定从事于沉思的生活或现实的生活，由理智美德的培养所组成的教育是最有用的教育。"[②]

（2）高等教育的职责在于知识传递而非知识创新

在持高等教育个人本位价值观的人看来，高等教育为了实现训练心智、促进个人理智发展的目的，应注重知识的传递，特别是知识传递的方法。只有在知识传递过程中才能给人的心智以很好的训练。知识创新则会将训练心智的目的引入歧途。

（3）高等教育的实施在于通过自由教育、人文教育和普通教育而实现目的

自由教育、人文教育和普通教育是在高等教育的不同发展时期出现的几种高等教育思

---

① 华东师范大学教育系. 现代西方资产阶级教育思想流派论著选[M]. 北京：人民教育出版社，1980：201.
② 华东师范大学教育系. 现代西方资产阶级教育思想流派论著选[M]. 北京：人民教育出版社，1980：199.

想及其指导下的高等教育实践模式。自由教育是最古老的概念，源于古希腊古罗马时代，从自由民的教育转化而来，基本含义是强调心智的训练。自由教育的目标是获得杰出的理智，"七艺"是自由教育的基本科目。人文教育出现在近代，也以发展人的理智作为根本目的。高等教育中的"普通教育"概念产生于现代。普通教育首先考虑的是作为个体的人的教育。旨在使青年人获得"思想踏实、表达合理、随机判断、明辨是非"的品性。由此可以看出，自由教育、人文教育、普通教育虽出现在不同时代，或许有着不同的社会背景与理论基础，但它们在培养理智、注重个人发展方面是基本相通的，都体现了个人本位的高等教育价值观。

2. 知识本位的高等教育价值观

知识本位的高等教育价值观主张高等教育的基本价值在于知识创新、学术探求、科学研究。随着学术研究、科学研究逐渐成为高等学校教师与学生的主要工作与任务之后，知识本位的高等教育价值观才开始出现。这种价值观以"促进知识与真理"为教育根本目的，以学术和科研为学校工作的中心。知识本位价值观的基本观点为以下两点：

（1）高等教育的价值在于追求真理、创造知识

在高校学校，科学研究自由和教学自由的原则被普遍承认，教育工作以假定真理必须去发现为开端，教师的职责是培养学生一种发现真理的能力，并引导他去从事这种工作。芝加哥大学创办之初就把学校定位于"让知识不断地增长，从而丰富人类生活"的大学。[①] 正是这样的"知识本位"的价值观使芝加哥大学自建校始就坚持纯知识纯理论的研究。这种远离尘嚣的办学理念和价值追求，虽然导致芝加哥大学在20世纪90年代中期被美国大学生评为200所大学中"最不好玩的大学"，但它却从创校校长哈珀（William R. Harper）时代起就已经成为能把其他大学著名学者吸引过来的大学之一。课堂研究讨论和辩论一样，目的不在于巩固已经确立了的真理的准则，而是引导学生对学习科目的独立研究。

（2）高等教育通过研究进行教学，以自由学术为教学基础

这种观点认为，教师与学生在共同的学术研究过程中才能促进个人的发展。因此，通过研究进行教学、使教学与科研相结合成为大学办学的基本原则之一。直至今日，以人文学科闻名世界的耶鲁大学前校长施密德特在1987年迎新典礼上发表题为《连续性与价值》的演讲中，谈到了大学对知识的态度问题，他说："我们有千万条理由尊重知识，但我们用人文科学去教育人们渴求知识的感人价值在于我们坚信知识是工具、是力量，更重要的是它本身有价值。我们渴求知识，坚持青年必须用文明人的好奇心去接受知识，根本无须回答它是否对公共事业有用、是否切合实际、是否具备社会价值等问题。这样做完全出自

---

① 眭依凡. 大学校长的教育理念与治校 [M]. 北京：人民教育出版社，2001：271.

父母对儿女的爱，对一幅震撼灵魂、含义深邃的名画的爱以及对完成工作的满意之情，而不是出自任何其他目的。"[①] 耶鲁大学主张思想的绝对自由及对智力的不可动摇的信奉，皆因为坚信自由的学术空气是追求真理的基础，同时坚信智力使人们对事物的看法日趋全面，且使人具有时代感。通过研究进行教学要求大学教师必须是学者。通过研究进行教学，师生关系变为教师不是为学生而存在，师生都是为科学和学术而在大学得以相处。

3. 社会本位的高等教育价值观

社会本位的高等教育价值观主张高等教育的主要价值在于为社会培养各种专门人才，促进国家政治经济和社会发展。随着高等教育在社会的政治、经济、科学技术等各个领域发挥着越来越重要的作用，随着人们对高等教育在国家发展中的地位认识不断改变，社会本位的价值观在高等教育实践中也产生了越来越重要的影响。

高等教育社会本位价值观在人才培养问题上，首先考虑的是为社会造就公民，为国家培养人才。因而主张严密的专业教育，即大学活动按专业划分，围绕专业设置课程，学生从进校至毕业始终在专业教育的范围内活动。专业设置则根据学科发展与社会就业结构的变动，特别是后者，社会职业对人才规格的要求直接影响着大学的培养计划与过程。大学对学生的教育与培养，首先考虑的是如何使他们适应社会的需要，适应未来职业的需要，而不是创造职业，乃至创新未来社会。

二、高等教育主要载体——大学走进社会的中心

高等教育主要载体——大学在社会中处于什么地位，取决于该社会占主导地位的经济形态，取决于这种经济赖以存在和发展的基本资源与生产要素的结构及其特点，取决于知识在其中的地位和作用。

知识经济时代，大学走进社会的中心，是农业经济和工业经济向知识经济转变的逻辑结果，也是知识经济发展的必然要求。没有知识经济这一基础和背景，大学走进经济社会中心就只能是教育家的美好愿望。同样，当代条件下，离开大学谈论知识经济的发展也是不可想象的。发展知识经济，必须依靠大学力量。因为大学自身具有的优势，决定了它是知识经济发展的强大基础和动力。

首先，大学是知识经济发展的"人才库"。知识经济的发展离不开知识的传播，知识传播是知识经济存在和发展的基本前提与基础。知识在经济和社会中不论多么重要，威力如何强大，都是由人创造出来的，是人的本质力量的外化。知识经济所凸显出来的，表层上是知识、科学和技术，而其背后则是人的精神力量。所以，知识经济是以人的素质为中

[①] 陈宏薇. 耶鲁大学[M]. 长沙：湖南教育出版社，1990：8-11.

心的经济，是精神转化为物质的经济。如果说传统的工业经济时代，物质生产决定社会发展的话，那么，知识经济时代，决定社会发展的根本力量则为精神生产，即知识生产。人，既是知识的载体，又是知识的创造者。高素质的人才是决定知识经济的根本命脉。知识经济的发展靠人才，人才培养靠教育。传播知识、造就人才是大学教育促进知识经济发展的最根本的、最本质的价值表现形式。知识经济时代，不管大学的职能、作用发生什么变化，传播知识和培养人才的职能都不会改变，这是大学的本质规定的。

其次，大学又是知识经济的"知识库"和"思想库"。如果说，知识的传播是知识经济活动得以进行的前提，那么，知识生产则是知识经济的核心。大学在生产新知识方面，有其学科优势、人才优势、信息优势、学术环境优势。事实证明，许多新学科、新理论产生于大学，大学是新知识、新理论的土壤和温床。在我国，同一时期国家自然科学奖中有将近半数是由高等学校完成的。而在新技术知识生产方面，大学的作用也越来越突出。

最后，大学还是知识经济时代产业的孵化器。知识产业是知识密集型产业，与大学有直接的关系。大学不只是科学研究和技术开发的基地，也是塑造新型知识产业的孵化器。大学有条件依靠其知识和人才密集优势发展知识产业。现代发达国家的大学广泛地参与知识产业发展，围绕大学形成了高新科技产业园区。大学参与或独立创办知识密集型企业，是探讨知识经济时代产业发展的一条道路，在知识经济发展中具有示范作用。同时，大学还能为知识经济发展提供价值导向。科学技术是知识经济发展的强大动力，这是毋庸置疑的。但是，科技绝不是万能的。知识经济导向何方，不取决于科技本身，而取决于应用科技的人的价值理性。在这一方面，只能依赖人文文化。大学所具有的人文资源和文化环境，具有不可替代的作用，它是养成社会活动主体所必需的人文价值最根本的途径。从这个意义上讲，大学是知识经济社会发展和进步的灯塔。因此，发挥大学的人文资源优势是克服单一的科技知识负面影响、实现知识经济生态化和可持续发展的保证。

从我国经济与社会发展看，发挥大学在知识经济中的中心作用，具有重大的战略意义。知识经济的来临，对我国来说，既是严峻的挑战，又是一次难得的机遇。一方面，知识经济的挑战，恐怕要比历史上以往任何一次社会变革都更加猛烈。知识经济时代，各国竞争更加激烈，发达国家与落后国家历史上形成的差距有进一步拉大的趋势。另一方面，知识经济时代的到来又使我们面临发展的转机。我国所进行的改革开放和现代化建设，其目标和方向与知识经济发展是一致的。如果我们抓住世界知识经济发展这一机遇，加快产业结构调整，加大科技进步和教育事业的改革与发展力度，就有可能缩小我国与发达国家之间的差距，迎来中华民族经济文化复兴的伟大时代。把大学推向知识经济的中心，是我们迎接知识经济挑战、抓住机遇、后来居上的必然选择和根本对策。走进知识经济中心，积极投身于知识经济时代行列，以知识、人才和智力资源优势推动我国知识经济发展，更是大学责无旁贷的使命。

第三节 高等教育内外部基本关系

一、高等教育与社会发展的基本关系

按照系统科学的观点，社会是一个大系统。在这个大系统中，有经济、政治、文化、教育等子系统。教育作为一个子系统，与整个社会大系统及其他子系统之间，存在内在的必然联系，即本质之间的关系。高等教育的外部关系，就是指教育活动与整个社会及其他子系统及其活动的关系。其中包括两个方面：高等教育受社会发展制约，高等教育为社会发展服务。

（一）高等教育受社会发展制约

高等教育受经济、政治、文化等社会子系统所制约，只是就其主要的系统之间的关系而言。实际上，制约高等教育的因素很多，重要有生产力与科技的发展水平、社会制度、传统文化与外来文化，还有人口、民族等因素以及并非纯属社会因素的地理、资源、生态环境等。

1. 生产力、科技发展水平与高等教育

对高等教育的发展，最基本的制约因素是生产力与科技发展水平。生产力是社会发展最基本的动力。在现代社会中，生产力与科技发展水平是紧密联系在一起的，以致科学技术成为第一生产力。因此，社会主义现代化，科技是关键。科技水平虽不完全等同于生产力水平，但现代的生产力水平，主要决定于科技发展水平。

对于培养科技人才的高等教育来说，生产力与科技发展水平的制约作用尤为明显。高等教育的发展规模与速度、专业的设置与课程的选择、自然科学与工程技术科学的教学内容、现代化教学手段的运用，无不直接受生产力与科学技术所制约。

社会科学、人文学科的专业，虽不培养直接进入生产过程的科技人才，教学内容一般也不直接反映科技水平，但不论是发展规模与速度，还是教学手段的运用，都受生产力与科技发展水平所制约。尤其是管理类的专业，其教学内容更与生产方式密切相关。没有一定的科学技术知识，无法从事工程技术管理工作，也很难成为合格的财经管理人才。

2. 社会制度与高等教育

社会制度是直接制约高等教育发展的因素。这里所说的社会制度，主要是经济制度与政治制度。计划经济与市场经济是两种不同的经济制度。在计划经济向市场经济的转轨过程中，高等教育就必须从适应计划经济转变为适应市场经济。这是当前高等教育改革的主要任务之一。资本主义与社会主义则是两种建立在不同生产关系上的政治制度。不同的政治制度，不但制约着高等教育体制，而且决定了办学的方向、培养目标、思想政治教育以及社会学科的教学内容，这是不言而喻的。

3. 文化传统与高等教育

文化传统对高等学校的德育、智育、体育、美育都有广泛的影响；其他社会因素对教育的制约因素，往往也要通过文化传统的中介或折射。为什么生产力相当、社会制度相似的国家，教育模式、教育体制不完全相同？发达的资本主义国家，有的教育管理体制是集权制，有的则是分权制；在高等教育培养目标上，有的重学术，有的重技术。这些都与该国的文化传统不无关系。外来文化作为文化传统源头之一，同样对高等教育有着广泛的影响。中国的儒家思想，对于日本、韩国、新加坡来说是外来文化，而现在已成为它们的文化传统中的组成部分；对中国来说，马克思主义在20世纪初也是外来文化，如今则是中国的主流文化，对高等教育的方方面面起主导作用。

教育目标的制定、教育模式的形成、教学内容的选择、教育质量的评价，都要通过人来进行，而人在其成长过程中，文化传统，包括价值观、道德观、思维方式、心理倾向等，已积淀于他们的思想意识之中，无时无刻、自觉不自觉地在起作用。外来文化一旦被认同之后，也同样积淀于思想意识之中并起作用。

文化传统与外来文化对教育的制约作用，可能是积极的，也可能是消极的，往往是积极作用与消极作用共存。因此，在教育改革过程中，要认真对待文化传统与外来文化的批判、选择、继承、借鉴问题。

此外，人口、民族以及地理、资源、生态环境等因素，都对高等教育的发展直接或间接、全面或局部地起制约作用。例如，人口的数量与密度显然是义务教育布局所要考虑的基本条件，也对高等教育的规模及发展产生作用；地理则不但是中小学校布局所应考虑的条件，也是职业技术学校、高等学校的建校与设置专业的重要因素。关于农业院校是否必须设在农村，就是一个地理环境的争论；少数民族地区的教育必须充分考虑少数民族自治区的文化、语言、民情风俗；生态环境则是教育环境的重要组成部分。如此等等，不胜枚举。当然，这些制约因素不是同一层次，它们所起的制约作用也不是同等力度，但都是研究高等教育问题、制定高等教育发展战略时所应考虑到的。

（二）高等教育为社会发展服务

高等教育与社会发展关系的另一面，是高等教育必须为社会的发展服务。1985年中共中央《关于教育体制改革的决定》所提出的"教育必须为社会主义建设服务，社会主义建设必须依靠教育"，正是正确地表述了教育的这种外部关系。

1. 高等教育为社会经济建设服务

高等教育为社会建设服务，首先要为经济建设服务；经济建设的首要任务是提高生产力水平，高等教育最基本的经济功能就是劳动力的再生产，把可能的劳动力转化为现实的劳动力，把一般劳动力培养成为具有一定的生产知识、劳动技能，有觉悟、有文化素养的特殊的劳动力，以促进生产力的提高。

现代生产过程中的劳动力，已经不只是以体力劳动为主的普通工人或技术工人，还包括以脑力劳动为主的技术人员、专家、科学家。一方面，他们直接参加到生产过程中，从事生产流程的设计、运转以及解决生产过程中的各种问题；另一方面，他们将科学知识物化为现代化生产工具，并从事技术革命与创造，不断提高劳动生产率。同时，现代化生产的组织管理人员，也成为生产力中的重要组成人员。不论是普通工人、技术人员、专家、科学家还是组织管理人员，都要通过一定的教育来培养。高等教育在提高生产力水平和劳动生产率上，也越来越显得重要，以至于人们把高等教育的数量与质量作为衡量一国的生产力水平与经济实力的一个重要指标。

2. 高等教育为社会制度建设服务

高等教育为经济建设服务，不只是为了促进生产力的发展，还要使生产关系适应生产力的发展。经济制度是生产关系的制度化，政治是经济的集中表现，政治制度集中表现了生产关系。经济制度和政治制度构成了社会制度的主体。高等教育促进生产关系适应生产力的发展，主要是培养高层次人才，以维护、改革、调整、完善经济制度与政治制度。这就是高等教育为社会制度建设服务的功能。

高等教育这一功能，主要体现于培养专门的技术人才和社会管理人才，包括经济部门和政治部门的管理者。专门人才和社会管理人才是社会制度的中坚、社会秩序维护的主力、社会改革与发展的骨干。任何国家都要培养高水平的专门人才和实现国家意志的政治统治人才和经济管理人才。

3. 高等教育为文化发展服务

高等教育为文化发展服务，主要体现于对文化的传承、选择与创造上。

传承，是高等教育的最基本的文化功能。社会通过高等教育将前人所积累的生产生活经验、伦理道德规范、科学技术知识有计划地传递给下一代人。正是由于高等教育活动，人类的文化才能一代又一代地承接下去而不致中断。

但是，人类数千年的文明历史，所积累的文化知识不可胜计，而学生受高等教育的时间有限，即使是"终身教育"，也不可能把前人所积累的文化知识都传递给后人。同时，任何文化都是既有精华，又有糟粕；既有为社会发展所需要的知识，又有陈旧落后的东西，因而，高等教育对于文化的选择必不可少。

如果说，文化选择是各级教育共同的文化功能，那么，文化的创造则主要由高等教育来承担。普通教育一般只要求其将所选择的文化精华传递给学生，而高等教育则须通过科学研究种种创造性的活动，能够不断地创新文化。这是由于高等教育的特殊地位与有利条件所赋予的。

高等教育所创造的新文化，总的来说是积极的、超前的。它推动了社会的发展，也使高等教育获得了新的生命力。当前，高等教育在中国则是推进社会主义现代化建设的主导力量。在推动社会发展中，高等教育也得到发展。但在文化创新的过程中，也有沉渣泛起，并非文化创新；有时还会有回流、暗礁，形成漩涡。引导文化健康的发展是高等教育工作者神圣的责任。

二、高等教育与人的发展的基本关系

如果说教育外部关系揭示的是教育的社会属性，那么教育内部关系揭示的则是教育的本质属性。从"教育是引导完备人性的建构与发展"这个基本定义出发，教育以人作为对象，其最大的任务就是促进人的发展和完善，即人的整体素质的发展。因此，高等教育的内部关系，就是高等教育与人的发展的关系。

（一）影响人的发展的因素

人的发展是指人的身体结构和做人的机能中任何连续不断的、非病理的变化过程。它是个体从胚胎到死亡所经历的积极的、非病理的、有次序的变化，包括生理的发展和心理的发展，二者紧密相连。生理的发展包括身体各构成部分的结构与功能以及整体的结构与功能。心理的发展包括心理过程（认识的发展）和个性心理（意向的发展）。认识的发展包括感觉、知觉、记忆、想象、思维等的发展；意向的发展包括需要、兴趣、情感、意志等的发展。在影响人的发展的因素中，遗传、环境和教育是不可缺少的因素。

1. 遗传素质为人的发展提供物质前提

遗传是指个体从祖先继承下来的各种生理解剖上的特点。遗传因素就是基因组成特点，也就是基因控制下合成蛋白质和构成机体的特点，其结果表现为个体一定发展阶段的解剖生理特征和发展的潜力。环境的各种因素只能通过遗传因素起作用。遗传因素是人发展的物质前提，但并不能决定一个人的发展。

2. 环境制约人的发展的可能与条件

个体一出生就承受着自然和社会环境对他的各种影响（甚至在母体中就承受着某些影响），而对人的发展起作用的主要是社会环境。社会环境包括个体周围的各种人物、场所、活动、风俗习惯、社会关系、人际关系，以及政治制度、经济、文化生活等。这些方方面面对人的影响，除了有意识的教育因素之外，一般是自发的、潜移默化的影响。人们在一定环境的影响下，形成了一定的社会意识、生活技能和经验。人们与生俱来的遗传因素，包括各种生理解剖特点能否得到发展，或发展到什么程度，以及朝着什么方向发展，是与他所处的环境提供的客观条件，特别是与他的实践活动分不开的。遗传素质只是一种潜能，只有在一定环境的影响下，才能转化为现实性。

3. 教育对人的发展起主导作用

教育，也是环境因素，但不同于一般环境，是一种特殊的环境。一般环境因素对人的影响是自发的，而教育，特别是学校教育，是有目的、有计划、有组织设计的因素，对人的发展起主导作用。学校教育承担着培养人才的任务，由受过专门训练的教师负责，有精心选择安排的课程，一般有固定的场所和规定的时间，按照设计好的培养目标和规格，系统地进行着培养人的活动。学校教育在培养人才的过程中，一切组织和活动不仅是根据社会需要，而且也反映人的自身发展的要求；不仅适应社会对人才业务规格的要求，传授知识、训练技能、发展智能，而且重视对人才的思想觉悟、道德品质的提升，以"德才兼备""身心健全"作为人的发展目标。

学校教育在培养人才的过程中，采用的内容、方法和组织形式必须遵循教育的自身规律，有计划、逐步地诱发遗传因素（包括人性因素）向最优化发展。在内外因素相互作用下，促进人的身心发展达到更高的水平。可见，教育因素与遗传因素相互作用对人才培养具有重大的意义。如果有了很好的遗传禀赋而缺乏教育，人是很难成才的。

（二）高等教育引导与促进专门人才的成长

通过"全面考核、择优录取"的大学生，一般来说都已具备了成才的德、智、体、美、劳诸方面的基础和素质。高等教育工作者的职责，在于掌握大学生身心发展规律，积极主动地运用适当的方法，引导人才的成长，以培养适应社会发展的优秀人才。但高等教育在人才的成长过程中不是万能的。

1. 高等教育培养目标引导专门人才成长

培养目标是指把受教育者培养成为一定社会需要的人的基本要求，它规定了所培养人才的基本规格、质量标准。高等教育培养目标，按照性质和特点，大致可分为三个层次：

国家高等教育培养目标、高等学校培养目标和专业培养目标。国家高等教育培养目标表示高等教育应该培养什么样的"人",它是人才培养方案构建的总纲;高等学校培养目标回答了某一类大学培养什么样的"人才",是课程体系构建的大类依据,是大学办学特色的体现,具体规定和制约某一层次大学的人才培养规格;专业培养目标明确了应培养什么样的"专门人才",是课程体系构建的基本依据,是实现教育目的的直接依据和评价标准。在高等教育培养目标体系中,层次越高,目标越抽象;层次越低,目标越具体。

同时,高等教育培养目标是人才定向、课程调整的重要杠杆,是大学生未来发展的设计坐标。它不仅关系到大学课程设计上的综合功效和结构比例,而且也影响到课程设置的广度和深度。培养全面发展的人,具体对他们有哪些要求,要求他们掌握哪些知识、技能,具有什么样的个性品质等,都是培养目标的具体内容。

高等教育自产生之日起,就具有培养人才的功能。无论它如何发展,这一功能永远都不会消失。19世纪以前的大学,由于封闭性的自我发展,与社会生产毫无关系,只是为统治阶级培养官吏、绅士,为法官、牧师和医生等自由职业者培养后备者。工业革命后,随着科学研究进入大学,并且由于科学研究方法的日益规范化,科学家、专门从事科学研究的工作人员逐渐成为大学培养的人才。现代大学培养着社会各行各业所需要的高级人才,人才培养的规格和类型也不断发生变化。

纵观这种人才培养目标的演进,可以发现这样一个事实:过去的高等教育,学生成为什么样的人,其培养目标在很大程度上都是由国家(尤其是计划经济国家)或高等学校制定的,忽视了学生自身的主观能动性。而社会发展的趋势,数字化时代的来临,则是越来越强调以人为本,体现个性化,重视人的天赋,张扬人的个性,突出个人自我设计。因此,高等教育培养目标也越来越多地体现为个体性,是对学习者个体自我选择、规定和设计的引导。

2. 高等学校课程体系整体指向大学生发展

体系是指若干相关事物联系、制约而构成的一个整体。实质上,一个体系就是作为一个系统而存在的,它具有系统的整体性特征。高等学校课程体系,是高等学校为了达到其专业培养目标而设计并指导学生的所有学习内容及其构成要素的总和。它是包括课程在内并以培养方案所设内容为主体部分的学校教育教学系统。

从某种意义上说,课程体系就是大学,是一所大学所创设的指向人的全面发展的一切。因此,"大学是自我陶冶的学校"。学生主体观就体现在构建课程体系的思想中。学生是具有主动性、能动性和创造性的人。与课程体系打交道的,是活生生的人,是具有灵性的大脑而不是僵死的物质。从某种程度上说,人的主体性、主观努力是大学生发展的根本动力。因为人的大脑从来不是消极被动的，它处于一种永恒的运动中。南京师范大学教授朱小蔓指出：学课程的过程就是一个人成长的过程，就是增长经历的过程，就是不断地增加经验的过程。课程完全是学生参与文化活动的过程。课程本质的"经验性"突出了学生的课程参与，使学习者不再只是课程的追随者，而且也成了课程的主人和占有者。因此，学生的求知欲和判断力，以及控制复杂情况的能力等，都必须靠有机的课程体系来唤起。

而且，课程体系是一个既有思想内容，又具形式结构的育人的"文化场域"。一所大学，学校系统再好，如果没有作为实体或课程组织形式的整体优化的课程体系加以配合，学校的培养目标就无法实现。高等学校课程体系主要解决两个相关的问题：一是实现培养目标应选择哪些课程及其内容的深度与广度；二是各课程间在内容和呈现方式上如何互相配合和衔接。这些问题的解决，都需要处理好课程体系内部的一些结构要素的关系，为学习者成为不同层次、不同类型、不同规格的人才打好基础，使他们成为全面发展的人才。因此，大学课程体系作为"文化场域"，是走向未来的、是发展的，是对大学生未来前途和生活的定向。

可见，高等学校课程体系是提供给一个人如何去占领人类创造和积累的知识世界和选择文明方式的发展蓝图。高等学校通过以课程体系为主体的培养方案的实施，向每一个求学者提供一套学会生存与发展的知识、技能和素质体系。高等学校课程体系犹如针对社会的不同需要、向不同学科、专业及层次的学生提供的具有不同营养的"菜谱"，每一位学生可以据此选择喜欢的菜单并品尝其"美味佳肴"，以汲取自己需要的适合现实和未来社会发展的知识、能力和素质。在人人都可以接受教育的社会，享受到自己所需要的教育就是每个人追求的理想。

3. 和谐自由的教育环境提供大学生发展的广阔空间

只有充分具备自由发展的条件，才可能实现每一个人的自由人格的发展。从高等教育活动看，自由发展的空间除了摆脱社会的、技术的、自然的各种压制外，就是确立教育过程和活动的自由人文环境。而"教学中的大学生的自由，显然是指在教学活动中大学生以非强制的方式进行学习的状态，即大学教师通过恰当的教学组织而形成一种自由教学秩序，大学生在自由秩序中学习，大学生成为自己学习中的主人。教学中的自由就是大学生的人身自由或个人自由"[①]。

所以，高等教育则应着眼于大学生"平等化自由人格"培养空间的创设。其蕴含着三层意思：其一，完整的独立人格不是在真空中形成的，而是在作为社会生活的学校环境中形成的，因此，一种什么样的社会环境将制约着人格的发展方向，作为社会生活的个性化

---

① 邓志伟. 个性化教学中的大学生自由论[J]. 外国教育资料，1998（6）：15.

教育组织显然必须孕育"平等化自由人格"发展的可能性。其二,"平等化"意味着每一个人(包括校长、大学教师和大学生)均是学校生活中的平等一员,这就要求教育组织提供学校成员不存偏见的平等相处的环境。其三,人格的独立性表现为自由的个性和自由的德行。因此,要实现人格的"平等化",要使学校成员真正能够平等相处,教育组织就必须使学校成员具有"自由"的状态。所以说,高等学校人文环境中的人格因素对大学生健全人格的塑造有着直接的影响。这要求高等学校教师、管理人员在教育活动中,信任、尊重和热爱大学生,使大学生在健康、和谐、自由的人文教育环境中逐步形成健康、完整、崇高的人格品质,从而实现个体成长的社会化。

第二章 高等教育目的

第一节 教育方针与高等教育目的

一、教育方针与我国教育方针

（一）教育方针概说

教育方针是国家或政党根据一定社会的政治、经济要求，为实现一定时期的教育目的所规定的教育工作的总方向，是教育基本政策的总概括。教育方针一般应包括三个方面的内容：一是教育为谁培养人，即教育的性质和任务；二是培养什么样的人，即教育目的；三是怎样培养人，即实现教育目的的基本途径。教育方针常以法律的形式确定下来，因此，教育方针对一定时期的各项教育工作的顺利开展，既有指导作用，同时又具有约束作用。

一般说来，教育方针具有以下特点：第一，教育方针的阶级性。教育方针常常由统治阶级所提出，代表统治阶级的利益，从而使得教育所培养的人才为统治阶级服务。第二，教育方针的历史性。教育方针是在一定历史条件下提出的，它的制定和实施受制于生产力发展的水平，受制于不同历史阶段政治、经济和文化发展的水平。第三，教育方针的时代性。教育方针的提出常体现时代的要求，反映时代的特征，以使教育方针的指导作用与时代同步。第四，教育方针的相对稳定性。教育方针作为事关教育全局的指导思想，不能朝令夕改，应具有相当的稳定性。同时，随着时代和国情的变化，教育方针应做相应的调整。

教育方针、教育目的和培养目标三者之间既有区别，又有联系，不能混为一谈。三者之间的区别在于：一是概念上的不同。教育方针是国家或政党制定的教育政策的总概括，因而政治色彩较浓，属于政治性概念；而教育目的和培养目标属于教育基本理论范畴，学术色彩较浓，属于学术性概念。二是层次上的差别。教育方针作为总政策，属于最高层次；教育目的作为教育方针的一部分，居于中间层次；而培养目标是教育目的具体实现形式，处于最低层次。三是稳定性的差异。教育方针有较强的政治色彩，因而不同历史时期会有所不同；教育目的相对于教育方针要稳定一些，一旦提出，不会轻易改变；培养目标相对于教育方针、教育目的，稳定性要差得多，它会随教育体制、招生对象、学制、学校类型的不同而有所变化。三者之间的联系在于：教育目的是党和国家制定教育方针的前提，是各级各类学校确定培养目标的依据；教育目的是教育方针的核心内容，教育目的的实现是贯彻和实现教育方针的集中体现。

（二）制定我国教育方针的基本依据

1. 马克思主义关于人的全面发展学说

马克思主义经典作家运用辩证唯物主义和历史唯物主义的基本原理，针对资本主义大工业生产条件下人的片面发展提出了人的全面发展学说。

马克思主义关于人的全面发展学说揭示了人的全面发展和全面发展教育的必然性、可能性和现实条件，为确定我国社会主义教育目的奠定了理论基础。实现人的全面发展是一个历史过程，我们应当以人的全面发展作为长远的奋斗目标，并根据社会主义发展不同起点和阶段的现实性和可能性，提出现阶段培养全面发展的人的具体目标。所以确立和制定我国的教育方针，必须以马克思主义关于人的全面发展学说作为理论依据。

2. 教育基本规律

教育规律是人们对教育的规律性的认识。认识教育规律是一个不断趋近规律的过程。一旦成为规律的东西，就具有一定的普遍性、指导价值和可适用性。教育作为社会的一个子系统，与整个社会系统及其他子系统（主要是经济、政治、文化系统）之间的相互关系的规律，简称教育外部关系规律；教育作为一个系统，它内部各个因素或子系统之间的相互关系的规律，简称教育内部关系规律。同时，这两条基本规律有着内在的联系：教育内部关系规律的运行，要受外部关系规律所制约；教育外部关系规律，要通过教育内部关系规律起作用。

规律是客观的，两条规律的作用都是基本的。不管教育内部关系规律的作用，还是只强调教育外部关系规律的作用，甚至以经济规律、政治规律或其他规律代替教育规律，即所谓教育政治化、教育商品化或市场化、办学行政化等，都将贻误人才培养，甚至使教育倒退。因此，我国教育方针的制定，在充分认识基本规律的前提下，需要战略眼光，能够超前研究社会、教育乃至人的发展。

3. 社会主义现代化建设的客观要求

我国还处在社会主义初级阶段，这一阶段的基本特征和社会现实要求，是制定新时期我国教育方针最根本的现实依据。

第一，社会主义现代化建设必然要求教育坚持社会主义方向，必须为社会主义建设服务。只有坚持教育的社会主义方向，教育所培养的各级各类人才，在理想、信念、世界观、道德品质以及知识和能力等方面才会符合社会主义现代化建设的需要。这样，才能保证社会主义物质文明和精神文明建设不至于脱离社会主义轨道。

第二，随着生产力的不断发展，科学技术的不断进步，社会对人才的要求也越来越高，相应地对教育培养人的要求也越来越高。在现代社会，拥有知识不一定适应社会需要，只有将知识与社会实践能力有机结合起来，才能为社会所认可和接受。因此，我国教育要适应和促进经济与社会的发展，必须实现教育与生产劳动和社会实践相结合，这也是教育发展的基本规律之一。

二、教育目的与高等教育目的

（一）教育目的概况

1. 教育目的概念

所谓教育目的，就是人们在观念上、思想上对教育对象的质量规格总的设想或规定。每个人生下来，都面临着一个发展可能性的空间，作为培养的对象，包括家长、教师在内的其他人总要为他选择某种发展的可能性，按照某种期望和要求去塑造他、培养他，使他朝着这个方向去发展，这就是广泛意义上的教育目的。

一般说来，一个国家的教育目的，大体上由三个层次构成：一是国家总的教育目的，它客观上反映社会和整个社会成员对教育对象质量规格的要求。二是各级各类教育的培养目标，旨在对不同层次、不同类型的教育机构进行调节和控制。三是教育过程中的具体发展目标，它由一系列从低到高的指标体系构成，具体指导学校教育工作。如：美国的布卢姆（B. S. Bloom）所创立的"教育目标分类学"，就是将第三个层次的具体目标排列成等级系统，为教师的教学、教育质量评价提供了价值标准，保证了总的教育目的实施。布卢姆本人也因这一贡献而成为享誉世界的教育学家和心理学家。这一部分所要探讨的是总的教育目的，而不是各级各类教育的教育目的、培养目标和教育过程的具体目标。

2. 教育目的的作用

（1）制约教育对象的发展

人们制定一定的教育目的，就是要制约教育对象发展的方向和进程，使他们按照预期结果发生变化，改变人的自然的、盲目的发展过程，防止其他不符合教育目的的各种因素的影响，从而把受教育者培养成为一定社会合格的成员。

（2）指导整个教育过程

教育目的对一切教育工作者和整个教育过程都具有重要的指导作用。它制约着教育制度的建立和教育内容、教育方法的选择,它是教育工作的重要依据,同时,又是评价和检验教育工作结果的标准。从这个意义上说,教育目的既是教育工作的出发点,又是教育工作最终的归宿。

(3)激励教育主体

教育目的不仅指引教育发展的方向,而且应该推动教育活动的开展。教育目的本身也是一种理想,它能激励教育主体(主要包括教师和学生)在教育活动中产生一种为理想而努力与拼搏的坚强意志和情感。这种意志和情感,是他们在教育活动中必不可少的一种强大的精神动力。意志和情感可以使人们的主观能动性得到充分的发挥和实现,可以激发人们克服困难、解决难题的智慧和机智。没有基于对教育目的的追求,就不可能真正自觉地、主动地进行积极的教育实践活动。

3. 制定教育目的的依据

(1)客观尺度——社会需求

社会是人类生活的环境、生存的空间,是人类每个成员成长的摇篮、发展的温床。社会在向人们提供必不可少的生存和发展条件的同时,也要求人们按照相应的社会规范来调节自己的行为方式,因而,也要求教育按照一定的社会需求来培养和塑造正在成长中的新人。因此,教育目的具有社会制约性。社会构成包含许多因素,对制定教育目的的影响是很复杂的。运用历史唯物主义观点来分析,教育目的主要受一定的社会生产力水平、科学文化发展水平和政治经济制度所制约。

人是生产力中最重要的因素。生产力发展对于人所提出的要求,必然制约着教育目的的制定。生产力发展水平要求培养人的知识、智能、体力等素质水平与之相适应。于是,要求广大的社会成员具有一定程度的文化科学知识,掌握一定的生产原理和技能,以适应社会化大生产的发展,这种社会需求就明显地反映到教育目的中来。

一定社会的教育目的受一定社会的政治经济制度所制约,因此,教育要培养具有这个社会所需要的思想意识和世界观的人、为维护发展这个社会的政治经济制度服务的人。

(2)内在准则——个体需要

尽管社会需要是制定教育目的的客观尺度,但并不是唯一尺度。教育目的的制定,还应该同时依据个体需要这个内在准则。

教育目的所直接指向的对象是受教育者,其中,主要是正处于发展阶段的青少年一代。只有当社会的要求和希望转化为个体的内在需要,并且与受教育者的生理机制、心理机能相吻合,引起身心发展的飞跃与质变之后,才能显示出社会需要更富有积极性、能动性、创造性。因此,人们在制定教育目的时,就不能不考虑教育者的心理发展和生理发展的规律与过程。教育目的所勾勒的受教育者所要形成的素质结构，是社会规定性在受教育者个体身上的体现，是社会需要和个体需要的有机结合。

（3）根本依据——社会与个体的现实需要和未来需要的统一

教育是一个演进的过程，而且，它是渐进发展的。它扎根于过去而又指向未来。教育目的既具有继承性、现实性特点，又具有开拓性、未来性的特征。教育目的是以往历史的继承和当下实践的起点，它要把生活现实同已确立和理想的价值联系起来，共同构成一幅建立在现实性基础上的系统的理想蓝图，作为教育的希望和追求。这种继承性、现实性与开拓性、未来性的统一，构建了教育目的的总体框架。

社会与个体的现实需要是制定教育目的的出发点，具体体现为对当今社会的物质生活需要和精神生活需要做出及时准确的判断反映。这种现实的反映连同过去的历史条件共同构成了制定教育目的的出发点。

社会与个体的未来需要是制定教育的期望所在。教育的根本宗旨，就是培养开创未来、建设未来、适应未来的人才。因此，教育目的的制定，必须考虑未来社会变化引起人才要求的变化，要适应不断变化着的未来。

社会与个体的现实需要同未来需要的关系，是辩证统一、高度融合的互补关系。它们构成了制定教育目的的根本依据。

（二）高等教育目的

高等教育目的与一般教育目的一样，对教育对象的培养具有调控和指导作用。高等教育目的的制定同样也受制于社会经济的发展，受制于青年学生的身心发展规律，两者相比而言，受社会、经济发展的制约程度要高些。与此同时，高等教育目的对社会、经济的发展，对青年学生的健康也有着巨大的反作用。因而，高等教育目的的个体价值、社会价值在一定意义上要大于中小学教育的目的。

1. 高等教育目的的价值取向

从世界和我国的高等教育发展史来看，高等教育的目的经历了自由教育目的，自由教育目的与职业教育目的融合，自由教育目的与职业教育目的分裂，普通教育目的、人文教育和专业教育目的相结合这样几个阶段。

（1）自由教育目的

所谓"自由教育"，是指以自由发展人的理性为目的的教育。它最早是由古希腊教育思想的奠基者——亚里士多德提出的，其最初的出发点是为自由民提供一种发展理性的教育，为自由民的闲暇和理性发展服务。自由教育的主要内容是"七艺"。自由教育构成了对西欧文艺复兴时期以前主教学校、修辞学校和文法学校起主导作用的教育思想。但在中世纪大学的形成和发展过程中，自由教育也逐步融入了职业教育的内容。

（2）职业教育目的

职业教育目的，即指培养专业人才，养成学生的职业特长、专长的教育目的。中世纪大学发展的历史表明，职业教育目的是大学起源的初衷。当时的大学主要是培养专业性人才的职业性学校，是为教会、政府及行业培养各种人才服务的。

自由教育的不足在于过分强调知识的作用，强调人的理性发展，没有或较少顾及社会的发展需要，使大学与社会成为两个不相干的部分。与此相反，职业教育则过于强调人的职业特长、专长，强调人的社会适应能力，把人仅仅摆在"工具人"的地位，忽略了人的情感、理性的发展和需要。随着人们对大学功能认识的不断加深，高等教育自由教育目的和职业教育目的也得到了不断的修正和完善，由此而出现了普通教育目的和强调人文教育与专业教育融合的教育目的。

（3）普通教育目的

普通教育的英译为"general education"。"general"一词除有"普通的"含义外，还有"综合的""全面的"含义，因此，普通教育还可译为综合教育、全面教育。美国是推行普通教育最积极，也是最有成效的国家。在哈佛报告和美国总统高等教育委员的报告中，对普通教育的含义做了相应的说明，综合起来，普通教育是指以培养人的独特品格和个人生活能力为核心内容的教育。普通教育的目的在于为学生提供完满生活所需要的价值观念、态度、知识和技能。普通教育的课程包括自然科学、社会科学和人文科学领域中与人的发展和社会需求相关的内容。因为普通教育的上述特点，有人认为普通教育与自由教育是一脉相承的，是自由教育的翻版；也有人认为，普通教育的目的是使个体更好地适应社会和生活，是为专业教育奠定基础的准备教育，具有明显的实用价值，因而本质上是专业教育。

（4）专业教育与人文教育并重的教育目的

严格意义上说，普通教育并非像自由教育、职业教育那样，作为一个完整意义的高等教育过程而存在，而只是设置在大学教育初期（通常在大学一、二年级）的一个知识基础性、广博性和准备性的教育阶段，其目的主要是为专业教育打基础。因此，普通教育与专业教育常常是独立进行的。如：美国有些高校的新生是不分专业的，学生自由选科，进入三年级后才定专业、定方向。为了把普通教育的内容和精神融入专业教育的全过程中去，由此产生了一种新的高等教育目的观，即专业教育与人文教育并重的目的观，或者说科学教育与人文教育并重的教育目的观。人文教育教人做人，科学教育（专业教育）教人做事。做人与做事并举，这是人文教育与专业教育并重的教育目的观的精华，也是我们所处时代——

知识经济时代对高等教育培养人才的内在规定性使然。我国的许多有识之士都在大力倡导这样一种高等教育目的观。

2. 我国高等教育目的

我国高等教育的目的是为社会主义事业的建设和发展培养具有创新精神和实践能力的德智体美全面发展的高级专门人才。我国高等教育目的价值取向是人文教育与科学教育并重。

（1）培养高级专门人才

社会主义国家的高等教育与世界各国的高等教育共同之处在于：高等教育是培养高级专门人才的教育领域或教育机构，这是由高等教育的本质属性所规定的。社会职业的分化与组合，由科学的发展所导致的学科的分化和综合，都突出了一个专业化的特点。人的能力在心理学的视野里是无限的，但在现实的社会里，人的成长和发展总是确定在某一方向或某一个领域内，真正有"三头六臂"的，能够适应多种行业、职业需要的人毕竟非常有限，韩愈也曾说过，"闻道有先后，术业有专攻"。因此，高等教育作为培养高级人才的核心领域，走专业化之路是不可避免的。即使在知识经济时代，这种专业性仍然存在，不同的只是专业没有那样"专"了，专业的包容性更大了而已。

（2）培养为社会主义服务、为人民服务的高级专门人才

我国作为社会主义国家，教育为社会主义国家服务、为广大人民服务也就理所当然。高等教育在培养专才的同时，必须加强人才的政治素质培养，使他们具有坚定、正确的政治方向，这是非常重要的。

（3）培养具有创新精神和实践能力的高级专门人才

21世纪所面临的和必须应对的是知识经济、经济全球化、高等教育国际化。这些都对高等教育培养人才提出了很高的要求。其中最核心的是创新精神和实践能力，而这两者正是我国应试教育条件下进入高校的学子所存在的主要不足之处。我国高校在这两个方面对学生培养的难度相对而言也更大些。因此，高校在培养具有创新精神和实践能力的高级专门人才的过程中，在方法和途径上应走"教育与生产劳动和社会实践相结合"的道路，这既是教育方针的要求，更是社会、、和时代的要求。

（4）培养德智体美全面发展的社会主义建设者和接班人

高等教育确立专业教育与人文教育并重的教育目的，有识之士倡导科学教育与人文教育的融合，说到底是要培养德智体美等全面发展的高级人才。大学生与没有进入大学学习过的人相比，全面发展的要求更高，对社会的价值要求更大。在德的方面，要求大学生的人格更完善，思想境界更高，社会责任感更强，服务意识、奉献意识更浓。在智的方面，

要求大学生的知识更丰富、更全面，认知能力、思维能力、创新能力更具有思辨性、发展性、时代性，专业水平、专业能力更高，业务素质更优、更强。在体的方面，要求大学生的身体素质更好，能适应工作的需要，毕竟身体是革命的本钱。在美的方面，要求大学生的审美能力、审美意识更强，更应具有宽广的胸怀、包容的心襟；要求他们在学习和社会实践中，能够意识到人类的可持续发展、人类社会的可持续发展的永恒主题。社会主义所需要的建设者和接班人就是这样一种全面发展的高级专门人才。

第二节 人的全面发展学说与素质教育

一、马克思主义关于人的全面发展学说

马克思主义关于人的全面发展学说，是我国制定社会主义教育方针和教育目的的重要理论基础，同时也是素质教育思想和实践的理论基础之一。准确地把握和理解马克思主义关于人的全面发展学说，对于教育实践工作有着重要的理论意义和实践意义。

（一）历史唯物主义是人的全面发展学说的科学基础

马克思主义对人的发展的考察，没有停留在思辨的领域，而是从人类的物质生产的发展过程，从人们现有的社会关系，从那些使人们成为现在这种样子的周围生活条件来考察。马克思主义关于人的全面发展学说，是马克思、恩格斯运用历史唯物主义和剩余价值学说，科学地分析了人的发展和社会物质生活条件的关系，历史地考察了社会分工和阶级划分所造成的人的片面发展过程，以及资本主义工场手工业时期使人畸形发展和机器大工业生产本性对人的全面发展的客观要求，同时批判地吸收了前人关于人的全面发展的思想建立起来的。从人类物质生产发展考察人的发展是马克思主义关于人的全面发展学说的出发点。

（二）私有制下的社会分工使人片面发展

马克思在全面考察人类社会发展历史的基础上，论述了分工与人的发展的关系。分工一方面是历史进步的原因，但是，另一方面私有制下的分工却限制人的发展，造成了人的片面发展和畸形发展。

在资本主义社会以前，尽管社会的分工、体力劳动和脑力劳动的对立使劳动者丧失了发展的全面性，但劳动者还保持了他们在自己劳动形式中的统一和完整。资本主义初期工

场手工业阶段，出现的资本主义工场手工业的分工，则把手工业工人分配到各种局部操作上去，成为局部工人。工场手工业生产使工人畸形发展。资本主义发展到大机器生产的时代，人的片面发展又加深了一步。这是由于在机器生产的条件下，生产技能从工人身上转移到机器上，劳动职能大大简化，劳动内容变得更加单调。工人从机器的角色变成机器的附属品，由机器变成机器的奴隶。每天紧张而又单调的劳动，使工人的身心发展受到了严重损害。

马克思主义认为，人的片面发展是与分工齐头并进的，劳动被分成几部分，人们自身也随着被分成几部分。

（三）人的全面发展是大工业生产的必然要求

马克思指出，大工业生产的技术基础是革命的，而以往手工业生产技术基础是保守的。随着不断的技术革新和技术革命的实现，现代大工业生产必然使劳动的职能发生变化，而劳动的变换、职能的更动又必然使劳动分工不断发生变化，造成工人的大量流动，使得工人不断地从一种劳动职能转入另一种劳动职能，从一个生产部门流入另一个生产部门。这就表明大工业从技术上推翻了旧的分工制度。这种情况对工人产生两个方面的影响：一是劳动职能的更动使工人面临失业的威胁，破坏工人生活的安宁、稳定和保障；二是大工业生产客观上需要"有把不同社会职能当作互相交替的活动方式的全面发展的个人，来代替只是承担一种社会局部职能的局部个人"，即要求并促使工人成为全面发展的个人。同时，由于大工业生产简化了劳动职能，使得打破旧的分工、劳动的变换、职能的更动和工人在不同工程、不同生产部门之间的流动成为可能。在正常的情况下，特别是在计划的调节情况下，工人经过必要的技术训练和技术教育，自由地转换工种和职业，就有可能成为全面发展的人。

（四）实现人的全面发展需要一定的社会条件

马克思关于人的全面发展的含义，是指由资本主义生产提供物质基础，人们有目的地联合起来控制和发展这一物质基础，并消除其历史造成的自发性和盲目性，消除和克服人的发展中的矛盾，从而达到人的智力和体力的统一、精神劳动和物质劳动的统一、生存和发展的统一，使人的身心、道德、才能、个性全面而丰富地发展。马克思主义认为实现人的全面发展需要具有一系列的条件。

其一，实现人的全面发展需要有充分发展的生产力，创造高度发展的物质条件。马克思指出："个人是什么样的，这取决于他进行生产的物质条件。"[①]大工业的本性，要求劳动者尽可能多方面发展，这是"社会生产的普遍规律"。同时，生产力的发展，可以日

---

① 中共中央编译局. 马克思恩格斯全集（第3卷）[M]. 北京：人民出版社，1976：24.

益为人的全面发展提供丰富和完善的物质条件，可以减轻人的笨重劳动，缩短劳动时间，使人有可能扩大自己的活动领域，可以改善教育手段，提高教育水平，推动人的全面发展。

其二，先进的社会制度是实现人的全面发展的根本保证。社会主义社会是建立在生产资料公有制基础上的社会。社会主义制度体现了人的全面发展同社会的发展在根本利益上的一致。只有到了共产主义社会，个人的全面发展以及全体成员的全面发展，才能得以彻底实现。在共产主义社会里，生产劳动给每一个人提供全面发展和表现自己全部能力（体力和脑力）的机会。这样，生产劳动就不再是奴役人的手段，而成了解放人的手段。因此，生产劳动就从一种负担变成一种快乐。

其三，教育是实现人的全面发展的必要条件。马克思和恩格斯非常重视教育在人的发展中的作用。恩格斯说："教育可使年轻人很快地熟悉整个生产系统，它可使他们根据社会的需要或他们自己的爱好，轮流从一个生产部门转到另一个生产部门。因此，教育就会使他们摆脱现代这种分工为每个人造成的片面性。"[1]马克思认为要培养全面发展的新人就必须给予全面发展的教育，他说："正如我们在罗伯特·欧文那里可以详细地看到的那样，从工人制度中萌发出了未来教育的幼芽，未来教育对所有已满一定年龄的儿童来说，就是生产劳动同智育和体育相结合，它不仅是提高社会生产的一种方法，而且是造就全面发展的人的唯一方法。"[2]

由于人的全面发展的实现需要创造一系列的基本条件，因而实现人的全面发展是一个历史过程。

二、素质教育的全面发展观

（一）素质教育的内涵

自20世纪90年代开始研究和倡导素质教育以来，至今人们仍在广泛深入地研究它。关于"素质教育"的文献资料比比皆是，从现有文献来看，对素质教育的认识还没有达到完全的一致。总体而言，有两种比较一致的看法：一是认为素质教育主要是一种教育思想，而不是一种具体的操作形态的教育模式；另一种认为素质教育是一种教育模式，是针对应试教育模式而言的，实施素质教育的内容主要是针对应试教育的不足方面，如：给学生减负，考虑学生的个性发展需要等。我们比较赞成第一种看法，认为素质教育主要是一种教育思想，在这种思想倡导下的素质教育目的主要是促进人的和谐与全面发展，素质教育实践主要是为学生的全面发展提供种种条件，创造种种机会。

---

[1] 中共中央编译局. 马克思恩格斯全集（第1卷）[M]. 北京：人民出版社，1976：223.

[2] 中共中央编译局. 马克思恩格斯全集（第1卷）[M]. 北京：人民出版社，1976：223.

基于上述认识，我们认为素质教育是这样一种教育：它利用遗传与环境的积极作用，调动学生认识与实践的主观能动性，促进学生生理与心理、智力与非智力、认知与意向等因素全面而和谐的发展，促进人类文化向学生个体内化，从而为学生的进一步发展形成良性循环。没有内化的教育是不完美的教育，也是不成功的教育，素质教育思想在实践中就是要推动学生的内化过程。随着社会的快速发展，社会对学生的要求越来越高，学生内化能力越强，自我教育能力也越强，也就越能适应社会的需要。正是在这一意义上，高等教育也要开展素质教育，从社会对高级人才的要求来看，高等学校开展素质教育很有必要。

（二）素质教育全面发展观的构成

马克思主义关于人的全面发展学说已经明确了人的全面发展所需的条件，而其中的教育条件在某种意义上说具有相当重要的作用。马克思认为，要培养全面发展的新人就必须给予全面发展的教育，并认为，教育同生产劳动相结合，不仅是提高社会生产的一种方法，而且是造就全面发展的人的"唯一方法"。在实践中，素质教育要求培养学生的创新精神和实践能力。因此，素质教育在思想上表现为一种促进学生全面发展的教育观，在实践上表现为一种以促进学生创新精神和实践能力形成和发展为核心的、引导和推动学生身心和谐发展的教育实践。

需要指出的是，"素质教育的全面发展观"这一提法并不表明素质教育与全面发展教育是一种对等的教育，而应当这样理解：素质教育是推动人的全面发展的一种教育思想形态和教育实践方式。促进人的全面发展的条件有很多，教育只是其中之一，而素质教育又是教育这一手段到目前为止一种比较科学的教育思想和实践。因此，素质教育的全面发展观要求我们在培养人的过程中，应努力促进人的全面、和谐发展。

具体而言，在实践上，素质教育的全面发展观要求各级各类教育应结合学生的实际情况，既注重个性，但又不致使其片面发展，在个人与社会的和谐相处的基础上来促进人的全面发展。概括起来，素质教育的全面发展观包括如下三个有机组成部分：

1. 面向全体学生

教育要面向全体学生似乎是天经地义的事。然而，事实是，在应试教育条件下，教育没有面向全体学生；相反，只是面向一部分学生。面向全体学生是素质教育全面发展观的必然要求，也是学生个体获得全面发展机会的首要条件。

素质教育是一种个性教育，学生的个性是丰富多彩的，每一个体的个性发展，或者说先天素质的发展和后天素质的养成有赖于教育的引导和细心培育。在素质教育改革向纵深发展的过程中，许许多多面向全体学生的教育实验、教育现象纷纷涌现出来，如成功教育实验就是其中比较有影响的一种。成功教育的精神在于，它认为每一个学生都有他的闪光点，都有他与众不同的长处和优点。换句话说，成功教育认为，每个个体都有发展的条件、发展的权利。不擅长学习的人，他在其他方面同样存在自身独特的优势，比如唱歌、跳舞、下棋、画画、书法等方面。成功教育的目的在于发现每个个体的亮点，让每个个体获得成功的体验。"成功教育"之所以能获得成功、获得学生的认可，就在于它符合了素质教育全面发展观的要求，合乎学生个体的需要。

2. 全程培养学生

素质教育的全面发展观，不仅要求教育要面向全体学生，而且还要求全过程地培养学生。所谓全过程培养学生，在时间上表现为发展学生的连续性，在空间上表现为发展学生的广延性，即在学生受教育的整个过程里，时时、处处为学生的全面发展提供条件、创造机会。

第一，时时促进学生的全面发展。人和其他生物的不同点主要就是由于他的未完成性。事实上，他必须从他的环境中不断地学习那些自然和本能所没有赋予他的生存技术。为了求生存和求发展，他不得不继续学习。[1]正因如此，教育作为促进人不断发展的首要的主导性的手段，时时促进学生的全面发展，为其教育后的发展打下扎实的基础，也就是一件非常必要的事情了。

第二，处处促进学生的全面发展。素质教育不是学校教育的专利，家庭和社会作为学生个体活动场所的一部分，同样也要对他们实施素质教育，只是在要求和形式以及内容上不同罢了。在现实的社会生活中，家庭和社会给予学生个体的影响，比起学校的影响似乎还要大些。而不可否认的是，这些影响中有一部分是不利于学生健康成长的。这给家庭教育和社会教育提出了一个不容回避的问题——家庭和社会该为学生成长做些什么？正是在这个意义上，我们所倡导的素质教育也包含了家庭教育和社会教育，而这也是素质教育全面发展观的内在要求使然。

3. 全面发展学生

面向全体学生、全程培养学生，最终是为了全面发展学生。所谓全面发展学生，是指根据学生个体的特点，在不同时期，有所侧重地促进学生的全面、和谐发展。

素质教育的全面发展观落实到学生个体身上，就是要为学生的全面、和谐发展创造机会、提供条件。需要指出的是，学生的全面发展，并不是指学生个体各个潜能方面的均衡发展，而是在顾及整体的基础上有所侧重。正如前文所述，学生在每一年龄阶段，发展的需求是不同的，特别是在高等教育阶段，社会对高等教育培养的人才提出了各种不同的要

---

[1] 联合国教科文组织. 学会生存——教育世界的今天和明天 [M]. 北京：教育科学出版社，1999：196.

求，加上高等教育领域的专业性极强，因而对个体发展的某些方面的要求会高些，而对其他方面则可能会低些。因此，素质教育在促进学生全方位发展时，必须考虑到这一点。素质教育的全面发展观既有对全体学生的要求，也有对每个学生的要求，而且更多的是在学生个体方面，因为素质教育思想的出发点是个性的发展和学生个体的全面、和谐发展。

第三节 高等学校培养目标

一、通才教育与专才教育：培养目标的指导思想

（一）通才教育与专才教育的含义

历史上，高等教育有两种典型的人才培养模式：一种是以美国为代表的"通才教育"模式；一种是以苏联为代表的"专才教育"模式。它们是在一定社会的政治、经济、文化发展背景下所形成的教育模式的抽象概括。通才教育也叫通识教育（general education），专才教育也叫专业教育（professional education），两者是两种不同的高等教育目的理念，因而也是确立高等教育目标的两种不同指导思想。从已有的文献资料来看，对于"专才教育"，人们有比较一致的认识，即"专才教育"是以培养适应某一专业领域需要的人才的教育，为人才走向社会之前提供一种职业资格。因此，也有人认为"专才教育"就是以职业训练为目的的教育。总之，"专才教育"或"专业教育"是与职业的准备密切相关的教育思想和教育模式。

相反，对于什么是"通才教育"或"通识教育"的认识并没有完全达成一致。从已有的研究文献分析，关于"通识教育"的理解主要有三种：一是从性质上理解，认为通识教育是高等教育的组成部分，是所有大学生都应接受的非专业性教育，这种通识教育以发展人的理性为终极目的。古希腊"自由教育"以及纽曼所主张的教育都可以理解为这一层面的通识教育，但其古典教育的味道更浓，与现代社会这种非专业性的"通识教育"是有差别的。二是从目的上理解，认为通识教育是旨在培养积极参与社会生活、有社会责任感、全面发展的人和国家公民的教育。这种意义上的通识教育强调人的全面发展，强调人与社会和谐发展。三是从内容上理解，认为通识教育是一种非专业的、广泛的、非功利性的基本认识、思维、技能和态度的教育。这种意义上的通识教育强调知识的广博性与包容性，强调知识或理论的基础性，着重以自由学科或课程来培养学生。美国目前有些大学所进行

的通识教育就是如此，如哈佛大学的本科生教育，新生在一、二年级不分专业，不分院系，自由选课，到三、四年级才划分专业和院系。

（二）通才教育与专才教育结合的模式

1. 学科专业综合发展模式

这一模式主要是通过学校加强学科建设来实现。途径之一是通过校内已有学科点的综合形成新的学科点，加强专业之间的融合性；二是通过学校的合并增加学科点的数量，从而使学校在学科门类、一级学科和二级学科的覆盖率大幅上升。这种模式主要在综合性、研究性大学中容易实现和操作。

2. 学分制与选课制相结合的模式

这种模式在我国目前的高校中比较流行，也比较容易操作。这种模式的理念是：学生所学课程分为必修课、限选课和任选课三类，每一类课都规定一定的学分，既考虑到学生的专业学习，又考虑到学生的兴趣爱好，为学生的全面发展创造有利的现实条件。为了更好地实现通才和专才的结合，在这三类课程的比例上，应增加更多的任选课，减少必修课和限选课的科目数量，以增强学生发展的弹性。

3. 不分专业模式

这种模式在美国的本科院校比较流行，其原因在于：美国专才教育的重点在研究生阶段，而本科阶段主要是研究生教育的基础阶段和准备阶段，这与美国高等教育已进入普及化阶段有密切关系。以本科教育著名的哈佛大学、耶鲁大学均采用这一模式。在这些院校，新生入学后统一安排住宿，不分院系安排；在课程学习上也不分专业和院系进行；到三、四年级，学生才选择自己的专业和院系，专业之间的交融性很强。这种模式下一、二年级的教育也称为普通教育，其特点是加大学校通识教育的分量，使学生广泛涉猎各门知识，为专业教育打下坚实的基础。这种模式的难度在于为学生所开设的"通识教育"的课程要求较高，同时对学生管理的难度也较大。

4. 产学研结合模式

高等教育职能主要有教育、科研、社会服务三种，产学研的"通""专"结合模式，将高等教育的这三大职能有机地结合起来。高校通过与企业、科研单位和地方、社区的合作，使高校走出传统的校园，与经济、社会的发展的联系更加紧密，因此，学生的视野得以开阔，学习的途径更多。通过这一模式，学生的各方面素质得到有机结合与和谐发展，从而实现通识教育与专业教育相融的目的。

二、高等学校培养目标的基本规定

（一）确立高等学校培养目标的依据

在考虑高等学校的培养目标时，重点应考虑本专科层次的教育对象，兼顾研究生教育阶段的教育对象。根据我国的实际情况，高等学校培养目标的基本规定应依据以下几个方面的内容：

1. 遵循教育方针和教育目的来制定培养目标

国家所制定的教育方针和提出的教育目的，是整个国民教育体系所应遵循的基本行为准则，高等教育作为整个国民教育体系的一部分，在设计高等学校培养目标的过程中，理应遵循国家的教育方针和教育目的。既然是指导原则，也就不是照抄照搬教育方针，而是根据自身的任务与实际情况来确定具体的培养目标，因为培养目标本身就是教育方针、教育目的的具体化，它要具体落实到教育对象的培养过程之中。

2. 根据高等教育性质和任务来确定培养目标

各级各类高等学校构成了高等教育这一独特的教育领域。高等学校自然也就与广大的中小学校有着本质的不同。教育的本质属性是培养人的活动，而中小学教育的本质属性则是培养具有健全素质的社会主义公民，与此不同的是，高等教育的本质属性是培养各级各类高级专门人才。由于性质不同，因而教育的具体任务也不相同。中小学教育的任务有两个：一是培养社会主义的合格公民和具有良好素质的社会主义劳动者，二是为更高一级的学校输送合格的毕业生。而高等教育的任务，根据《高等教育法》的规定，也有两个：一是"培养具有创新精神和实践能力的高级专门人才"，二是"发展科学技术文化"。这两项任务都是为了"促进社会主义现代化建设"。各级各类高等学校必须以高等教育的性质和任务为根据来设计自己的培养目标，通过人才的培养来促进社会主义现代化建设的宏伟目标的实现。

3. 根据高等学校的定位、层次设计培养目标

高等教育所培养的人才是高级专门人才，但是这种高级专门人才仍有层次之分，这是由高等教育的不同层次之分而形成的。我国高等教育有两个大层次四个小层次，两个大层次为本专科教育层次和研究生教育层次，四个小层次是两个大层次的亚层次，分别为专科教育、本科教育、硕士研究生教育、博士研究生教育。这四个层次的教育对高级人才培养规格各不相同、各有特色，在人才的序列上，专科最低，博士最高。我国目前以本专科层次的教育为主。专科层次主要有师范专科和高职高专两类。师范专科学校主要为中小学培

养教师，因而注重未来教师教学技能的培养，注重学生专业知识的学习。高职高专主要为社会的某些部门培养专业性极强的实用型人才，因而目标上注重实践能力的培养，注重应用性知识和技能的学习，对于基础理论不做过高的要求。本科院校与专科不同，它对基础理论的学习要求相当高，也注重专门知识和基本技能的学习和训练，要求所培养的学生应具有从事科学研究的初步能力，并能解决与专业有关的理论和实际问题。现时的本科院校也培养应用性的人才，但这种人才比专科毕业生文化修养要高、基础理论的掌握要扎实、专业知识的包容性要大。而研究生教育与本专科教育的不同之处在于，它是真正意义上培养"高级专门人才"的场所，因而对研究生教育的培养目标应体现"博大精深"。由于高等教育层次的差异，分属不同地区、不同层次的高等学校在确立自己的培养目标时，应考虑到各层次教育的具体要求，不能拔高，也不能降低。

4. 根据高等学校的类型、特点设计培养目标

高等学校的类型常根据学校所包含的学科门类来划分。目前，我国高等教育的学科门类有12个，分别为哲学、经济学、法学、教育学、文学、史学、理学、工学、农学、医学、管理学、艺术学，在研究生教育阶段还包括军事学。根据院校的学科的覆盖能力，可以大致将高校划分为综合性大学、一般性大学和专业性院校三类。综合性大学一般为研究型大学，其学科覆盖率大大超过一般性大学（普通高校）和专业性院校。正是由于院校在学科门类上的差异，因而在培养目标上也就存在很大的不同。国外一流大学，无一例外在学科、课程的分布上都很有特色，这也是高校追求独特的源泉所在。各级各类高校在设计、确立自己的培养目标时，无疑应当考虑各院校的学科特点，因为在现实社会中，不同的学科类常常是为社会不同行业、领域培养不同层次、不同类型的专门人才的。

5. 根据社会、经济发展状况及时调整培养目标

培养目标是对人才规格的具体化，而人才规格在不同的社会、不同的经济发展水平的阶段上是不同的。教育方针的制定、教育目的的确立都在一定程度上受到社会经济发展的制约，高等学校培养目标的设计和制定同样如此，在某种意义上受制约的程度更深。

从世界范围来看，日新月异的科学技术进步深刻改变了，并将继续不断地改变着当代社会经济生活和世界面貌，当然也在改变着世界高等教育。当代科技进步的特点是：第一，知识积累的速度大大加快；第二，重大变革不断出现；第三，科技成果转化为产品的速度加快。在知识经济时代，这三个方面得到更进一步的发展。这使得世界范围内的高等教育朝着基础化和综合化的方向发展。从这一点出发，有人认为我国大学本科教育以培养高级专门人才为目标不合适，应以"毛坯"为目标，培养高级专门人才的"毛坯"以使学生在将来成为高级专门人才，并认为这种"毛坯教育"必须强调基础化、综合化和现代化，其

核心是厚基础、宽口径、高起点。[①]这一点，值得各级各类高等院校在制定培养目标时借鉴。

从我国的实际情况来看，我国正处于经济体制的改革——建立和完善社会主义市场经济体制的过程中。社会主义市场经济有着市场经济的共性，即强调市场的基础性作用，政府只是在宏观调控上发挥应有的作用。随着社会主义市场经济体制的建立和完善，必然对高等教育的数量、结构、质量和效益等方面不断地提出新的要求，对高等教育的人才培养模式和高等教育体制改革提出新的要求，同时也会对高等教育的思想观念和价值观产生深刻影响。这些影响虽是多方面的，但都会集中反映在高等教育目的，特别是高等学校的培养目标上。这些影响也是不间断的，因而高等学校培养目标就不可能是固定不变的，而应当做必要的调整，跟上时代的步伐。

（二）高等学校培养目标的类别与设计

高等学校培养目标，从其功能、特性和作用等方面来看，可以分为如下类别，目标设计也可相应在此基础上进行。

1. 规定性目标与开放性目标

规定性目标是指以事先规定的教育期望作为目标，师生在目标的导引下，通过一系列教育活动，达到目标规定的要求。在目前的培养目标中，大多以规定性目标为主。规定性目标的优势是：有明确具体的规格要求，便于操作，便于评价，但束缚了学生个性的发展，因为目标都是整齐划一的。因此，还必须设置开放性目标。开放性目标具有两层含义：一是指教育者根据教育过程的实际进展提出相应的阶段性目标，它不以事先规定的目标为中心，而以过程为中心，即根据培养目标实施过程中学生的表现而展开。这种目标有利于培养学生解决实际问题的能力。二是指重视学生在从事某项教育活动后所得到的结果，考虑学生在培养目标实施中表现出来的创造精神。在具体实施中，它为学生提供开放性的活动领域，然后看学生经过活动得到什么结果，再考虑结果的层次高低。这种目标有利于学生摆脱固定目标的桎梏，有利于培养他们的发现精神和创造精神。当然，在高等学校培养目标的设计中，可以把规定性目标和开放性目标结合起来，使学生既有扎实的基础知识和基本功，又具有创造能力和解决问题的实际能力，达到全面发展学生的目的。

2. 单向度目标与综合性目标

单向度目标是指按照学科逻辑、社会要求、人的特征的某一方面发展的需要而构建的培养目标。这一目标在过去高等学校中清一色地做出了规定，如工科学校都是培养"工程师"。这种目标使我们培养的人才缺乏特色，也不符合人才全面发展的要求。与单向目标

[①] 李子奈. 关于普通高等学校本科生培养目标的思考[J]. 清华大学教育研究，1998（02）.

相对，培养目标可以设定为综合性目标。综合性目标是指宏观决策者面对大学的各专业，面对全体学生，使学生全面发展的目标。这类目标必须具有全面性、广泛性和导向性。它需要综合单向度的目标，是在各向度目标上的升华。因此，从综合性目标到学生个体发展目标还有一个很大的间隔层。如果仅以综合性目标去引导学生个体的发展，就可能显得空洞无力。可见，综合性目标还须十分注意层次性，注意因个体差异而制定不同的培养目标。

3. 个体发展目标与群体发展目标

个体发展目标是指每个人的个性得到充分发展的目标，是群体内所有个体素质发展水平的基本要求。个体相对群体而言，个性是对共性而言。因此，个体发展目标是区别于个性发展目标的。个体发展目标是指个体的个性心理素质发展目标，它是指个体内具有倾向性的稳定的心理品质。它是一个个体的制导系统，是学生心理健康的基本要求。由于个体是群体的基本组成要素，没有素质发展水平高的个体，就不能形成素质发展高的群体；一个总体素质发展较高的群体是有利于个体素质进一步发展的。因此，群体发展目标是在考虑群体发展需要的基础上的个体性与群体性辩证统一的目标。只有在群体发展目标得到全面实现的情况下，个体发展目标才能真正实现。

4. 显性目标与隐性目标

显性目标是指能用外显行为动词表述，且易于操作、可以测度的目标。这类目标既可进行整体目标的制定和评价，也可进行学年、学段目标的制定和评价，甚至可以进行某一课时的目标制定和评价。它的特点是：目标的来源和选择有充分的余地，可用明确、具体、可测的外显行为动词表述，可用传统的或现代化的手段进行操作评价，也容易为广大师生所接受。隐性目标是指那些能引起学生内在思想、心理变化的目标。其特点是内隐性强，虽然有些目标可以用外在的行为术语表达出来，带有整体性、概括性、抽象性和模糊性，但目标的制定和实现往往带有阶段性，目标的评价也不如显性目标那样明确、具体、可测。当明确了显性目标与隐性目标的特征后，在制定培养目标时，应尽量将隐性目标显性化，便于操作和评价。

5. 实有目标与预期目标

培养目标的实有目标，是指通过教育的实施实际达到的目标，是大学人才培养规格的实现。预期目标是指人们对培养目标的期望，是高等学校所要培养人才规格的理想。预期目标与实有目标之间总有一段距离，这就是高等学校内部结构和功能需要改善之处。这一矛盾也是高等学校课程体系改革和发展的动力。在设计培养目标时，尽可能地缩短实有目标与预期目标之间的距离，是构建现代化教育结构的需要。

从价值取向上看，我国现阶段高等学校的培养目标仍以社会为指向、以知识为中心。

这种培养目标，过分注重教育的知识传承功能，忽视对学生身心发展和适应终身学习的价值；过分注重学科知识的系统性和完整性，忽视课程内容与社会发展和学生生活的联系；过分重视知识结论的积累和记忆学习，忽视学生主动参与、交流、合作与探究等多种形式的学习；不重视学生学习习惯和人生态度的培养，把学生完全变成了"知识的容器"，更谈不上创新意识和创新能力、精神的培养。在培养目标构建过程中，知识是否系统、学科结构是否完整往往成为考虑问题的出发点，至于学生的兴趣、学生个性发展的要求、走上社会后生涯的前景等，都不曾在培养目标中得到体现。因此，高等学校培养目标应转向多重的教育价值，全面关注人的发展，以人才培养为根本出发点，把促进大学生各项基本素质全面而有特色地发展置于培养目标设计的中心，从而辩证地反映社会、知识、学生三因素对培养目标构建的必然要求。

（三）多元取向——高等学校培养目标的发展趋势

由于人才市场需求的巨大变化，高等学校的培养目标和人才规格出现了多元化特点。即使是同一学科或专业内，其培养目标的价值取向也不尽一致，甚至大相径庭。如：同样是法学领域，培养一个法学家和培养一个法官或律师，其质量要求和培养规格是不同的；同样，造就科学家和工程师、经济学家和企业家、文艺理论家和作家等，其质量内涵和培养目标要求也有明显的差异。其中十分重要的是，作为高等教育质量观核心的是对相关知识、技能和素质的价值取向与价值序列问题。也有人认为，多样化是我国高等教育大众化的关键。高等学校培养目标多元化，是指根据社会发展的需求和学生个体自身状况将他们培养成为不同类型、不同发展方向和具有特长的适应现代社会的合格人才。多元化包含两层含义：其一，无论学校类型、学生层次、规格和发展方向有多大差异，所有的高等学校培养目标都必须服从于合格人才培养这一要求和方向，即培养现代化的建设者和接班人。其二，高等学校既可以有现代的培养目标，也可以有其他符合时代发展方向的培养目标；同时，要结合社会需要、服务对象特点、办学特色和个体状况对学生的发展做出最佳的选择与设计，创造出适合于对象的教育，而不是将所有学生都引向成名成家的精英教育或"千人一面"的模板式教育。高等学校培养目标多元化力求使学生个性化地充分发展和个体潜能最大限度地发挥，充分尊重学生的人格和个性特征以及成长的自由性，体现现代教育是创造适合于对象成长规律和发展需要的空间和条件的教育理念。这种多元化的发展趋势，是人的认识论基础从实证论转向多元论的表征，体现了社会多元化发展趋势的必然，是适应不同个体个性化发展需要的推动，是教育本身的变革要求。

人才的多样性，取决于也决定了培养目标的多样性。这是一条亘古不变的教育规律。

因此，现代高等学校培养目标的制定，不能完全由国家或大学单方面来"越俎代庖"。早在几千年前，孔子就强调"因材施教"。在现代化时代，这条规律依然在起作用。高等学校培养目标从时代特征、地域特征、学校特征、学科特征和学生个体特征等方面，至少可以体现如下取向：

1. 通才化取向

在剖析苏联专业教育模式、针对其存在问题的基础上，绝大多数高等学校陆续提出并普遍推行以"加强基础、拓宽专业、培养能力、提高素质"为原则的教育教学改革。这是一种以提高综合素质、加强学生适应力的改革思路，在某种意义上表现出"通才化取向"。

2. 专业化取向

"专业化取向"是高等学校为培养社会急需的专业人才，纷纷增设热门专业，各科类专业越分越细。因为我国高等教育首先是作为大学生的生存手段而存在的，因此，高等教育应该帮助学生就业，授以谋生之道。这是"专业化取向"的培养目标存在的理由和依据。

3. 职业化取向

高等学校本科人才培养目标的重心下移，有些学校明确提出由理论型的培养模式转向应用型和职业型的培养模式。如：上海市的一些高等学校的专业已实现向应用数学（如保险系专业等）的转轨，数学系人才在社会上走俏；一些学校在课程体系和教学内容的改革中将教学内容紧密地与社会实践和生产实践相结合，因而适应了社会发展的不同职业的需要。

4. 基础化取向

随着科学技术的飞速发展、知识经济的到来和高等教育自身的发展与普及，高等教育是为终身学习打基础。高等学校的本科教育不再直接培养出科学研究人员、大学教师及各领域的高级专业人才，而是为研究生教育打基础。因此，一些高等学校出现了培养基础型人才的做法。

5. 复合型取向

由于分工的专业化和新的职业岗位变化加快，知识创造性成分在财富增值中的比例日益增多，单纯的专业人才已不能适应知识创新的需要。从人的能力结构及其功能看，接受专业知识只是使人具有了某一方面的"术"，其基本功能是把知识作为谋生工具；而复合知识则使人具有了综合性质的"道"，其基本功能是融通知识、深化知识，产生创新灵感。因而，"复合型取向"使大多数学生的知识结构趋于合理而大行其道。

6. 素质化取向

一方面，素质教育强调从单纯的"知识中心"向技能、能力和素质的全面发展转移；

另一方面，人文素质和人文精神作为素质教育的重要部分，已为各国教育界所公认。因而，在培养目标方面，不仅要注重学生对基本知识和基本方法的掌握，更要注重学生对所学知识的批判意识、综合意识和合作意识的发展，从而出现对高级专门人才的综合素质提高的要求。

7. 个性化取向

这一取向要求加强学生个性、创新精神与创造能力的培养，提倡个性化教育。这与当今世界多元化的价值观、世界日趋多极化是一致的，也与知识经济时代对人才的要求相一致。

这里仅列举了七类目标取向，这些目标在内涵上或许有交叉渗透，应该是多种类型、多种规格的。用它们作为指导所培养的学生也应该是多种多样的。明晰目标取向的多元化主要是为设计培养目标和构建课程体系提供参考。这几种目标取向在不同高等学校或学科专业中有不同的反映，相应地对不同学生须设计不同的课程体系。哈佛大学把学生分作六类：数理分析型、人际关系型、兼有数理分析和人际关系特点的混合型、老谋深算型、政治动物型和怪杰型。[1] 这六类学生特点各异，有着各自不同的优势和弱点，须根据他们的特点进行教育，设计不同的培养目标。

---

[1] 汤国基，哈佛的魅力[J]. 高教探索，1999（0）.

第三章 高等学校的教育主体与课程关系

第一节 高等学校的教师

高等学校的教师是高等学校的教育者。因此，明确高校教师的地位与作用，保障高校教师的待遇，关注高校教师的职业道德修养，建设一支数量适当，结构合理，政治、业务素质精良，充满活力的教师队伍，是办好高等教育的关键。

一、大学教师的作用、任务与地位

人们用"百年树人"来表达教师工作的深刻意义，用"辛勤的园丁""人类灵魂的工程师"来表达对教师的崇敬。"振兴民族的希望在教育，振兴教育的希望在教师。"教师是民族希望之所托，肩负着培养社会主义现代化建设者和接班人的重任。而大学教师又以其特定的历史任务，起特殊的社会作用，构成其特殊的社会地位。

（一）大学教师不同于一般教师的特殊的作用

第一，大学教师的基本任务是培养高级专门人才，而高级专门人才在科学技术和社会的发展中起骨干作用。

现代科学技术的发展，最终取决于高等教育所培养的人才的数量和质量。生产力水平的提高、国民经济的发展、文化教育卫生事业的昌盛、综合国力的增强、社会的整体进步，很大程度上取决于高等教育所培养的人才的数量与质量。而高级专门人才的质量，又取决于大学教师的工作质量。

第二，大学教师，既是文化科学的传递者，又是文化科学的创造者。

历来对人类社会有伟大贡献的科学家、思想家、活动家，不少会集于高等学府或当过大学教师。人们往往把大学教师这一职业同文化发达、科学昌盛、政治民主、人类进步紧密联系在一起，用"学者""专家"来称呼大学教师，把大学教师的声望作为一个国家学术水平的标志，把大学教师的社会地位作为文明建设的一面镜子。

第三，大学教师，既是教育工作者，又是社会活动家，以其专家、学者的身份，对科学、文化、经济、政治的远见卓识，参与社会活动，直接为社会服务。

在现代信息社会中，大学教师对社会改革的高见、对重大事件的评论，在报刊电台上占有重要的地位，起着舆论导向的作用。

（二）大学教师的任务

高等学校的基本职能一般有四项：培养高级专门人才、发展科学、服务社会和国际交流。高等学校要实现这四项职能，主要依靠广大高校教师。因此，高校教师的任务主要有以下三个方面：

1. 培养高级专门人才，即教书育人

大学培养高级专门人才，主要是通过教学形式。因此，教学工作是大学教师的主要任务。每位教师必须努力教书育人，必须根据专业设置、培养目标、教学大纲和大学生身心发展与教育关系的规律，认真备课以及编写讲义教材，有计划地进行教学，在传授科学文化知识的同时，发展大学生的智能，进行思想品德教育，努力提高教学质量。

2. 从事科研工作

从事教学工作的大学教师还必须参加一定的科研工作，通过科学研究，不断提高自己的学术水平。科研的成果可丰富教学的内容，促进教学质量的提高。有的科研课题，教师可以组织学生参加，通过科研活动来培养学生的研究能力和动手操作能力。可见，教学与科学研究工作是相互促进的，对于专任科研工作的教师也应提倡兼做教学工作。这样有利于培养高级专门人才。

3. 为社会服务

为社会服务是现代高等学校不可忽视的职能。现代的大学与社会的经济发展、科学技术的发展联系越来越紧密。科学技术是第一生产力。许多新的科技开发来自大学，然后转到生产部门进行生产。高等学校为社会服务的职能主要也是通过教师的工作实现的。大学教师直接为社会服务，有利于深入了解实际、了解社会、了解国情，理论联系实际，增强解决问题的本领，从而能够更好地提高教学与科研的水平，提高教学质量。

大学教师的这三个任务，只要安排得当，必能起到互相促进的作用。

（三）高校教师的地位

随着社会主义物质文明和精神文明的蓬勃发展，随着高校教师作用和任务的明确，近年来我国高校教师的地位明显提高，无论是其政治地位、社会地位，还是经济地位都明显上升了。

首先，政治地位提高了。在强调知识经济发展的今天，尊重知识、尊重人才已蔚然成风，作为掌握更多知识和以育人为主要目的的教师自然受到了人们的尊重。在全国各级人大代表和政协委员中，教师都占有一定的比例，教师参政议政的程度大大提高了。

其次，社会地位提高了。"教师是太阳底下最光辉的职业""教师是人类灵魂的工程师"，这些虽然都是比喻，但道出了人们对教师的感激和赞美之情。今天，许多国家都为教师专门制定了节日。我国在1985年设立了教师节。

最后，教师的经济地位提高了。《中国教育改革和发展纲要》指出，"要建立符合教育特点的工资制度和正常的工资增长机制，切实保证教师的工资水平随国民收入的增长逐步提高""在住房和其他社会福利方面实行优待教师的政策"。党和国家的这些政策，为改善教师的生活待遇、建立保障机制起到了决定作用。

当然，由于教师是一支庞大的队伍，人数很多，而政府的财力有限，在市场经济下，改革过程中各种关系的理顺，教师生活待遇、经济地位的提高，要有一个过程。对于大学教师来说，既要看到经济地位与社会地位有一定的关系，更要认识到教师的社会地位最终取决于自己对社会的作用和贡献。要忠于职守，出色地完成教师的任务，才能得到社会的尊敬。

二、大学教师工作的特点和职责

教育是一个特殊的生产部门，教师是特殊的脑力劳动者，作为高等学校的教师，其劳动对象都是身心趋于成熟且具备一定专业知识基础的大学生，劳动产品是社会需要的高级专门人才，因而高等学校教师的劳动明显具有区别于其他社会劳动的特点。

（一）大学教师工作的特点

1. 复杂性

高等学校教师的劳动是复杂劳动，这是因为：第一，高等学校教师面对的是具有一定生活经验、科学文化知识和抽象思维能力的青年人和成人，由于学生生源、经历不同，年龄不同，生理、心理及知识水平存在很大差异，形成劳动对象的复杂性、多样性。第二，高等学校教师劳动的职责是多方面的。既要教书，又要育人；既要传授知识，又要发展智力；既要使学生在毕业后能适应生产发展的需要，又要使他们适应现有的生产关系，适应社会生活。第三，高等学校教师劳动的能力需要是复杂的。教师不仅要有较高的教学水平，还要有较强的科研能力，并能把自己的科研成果及时地推广、宣传出去，达到产学研结合的最佳状态，不断推动社会生产力的发展。第四，高等学校教师的劳动具有时空无限性的特点。高等学校教师要认识、掌握、改变其劳动对象，把人的发展上的无限可能性转化为教育目的、培养目标所要求的现实性，所支付的社会必要劳动时间几乎是难以估算的。

2. 创造性

高校教师劳动的创造性主要体现在三个方面：第一，高校教师向学生传授的科学文化知识和生产技艺具有深、广、新的特点，因此，高校教师不仅在教学和科研中要掌握运用与本学科有关的新知识、新技艺，而且还要自觉探索新知识，创造新技艺。第二，教师向学生传授知识、培养学生各种能力的过程，本身需要教师开展创造性工作。教师在教学过程中，必须根据不同情况创造性地运用不同的教学方法，要从教材和学生的实际出发，按照教学大纲的要求，有计划、有步骤地引导学生独立地进行分析、综合、比较、抽象、概括等思维活动，充分发挥学生的主动性和积极性，注重培养每位学生的创新性思维、情感和意志。第三，教师的教学过程不仅要使学生能够掌握更多的科学知识，还要把知识转化成智力和能力，这个过程本身就是一个复杂的创造性的过程。

3. 长效性

人的成长和发展需要一个过程，作为促进学生发展的高等学校教师的劳动不可能立竿见影，其成效需要经过几年甚至几十年才能显露出来。高等学校教师劳动的长效性是别的任何劳动都无法比拟的。

4. 独立性和协作性

高校教师的教学、科研和思想工作都具有较大的独立性，一般是以个体的方式进行的。高校教师不实行坐班制，工作时间和非工作时间没有明确的界限，他们的脑力劳动不受时间、空间的限制。这种以个体为主的工作方式，对于充分发挥教师的积极性、创造性具有十分重要的作用。但是，高校人才的培养、科研以及社会服务等职能又绝非某一位教师可以单独完成的，这就需要高校教师打破学科、专业之间的界限，不同专业的教师相互学习、借鉴，共同完成高校的任务。

5. 开放性

作为一名大学教师必须兢兢业业地进行艰苦的脑力劳动，除了精通专业之外，还要求有比较广博的知识。这需要长年累月地刻苦钻研。教师必须具有"学而不厌"的精神。大学教师工作的特点，还表现在他们治学严谨，严于律己，既要为人师表，又要善于做大学生的知心朋友。大学教师要参与社会上各种学术团体的活动，进行学术交流工作，吸取新的科学信息，不断提高学术水平。因此，大学教师的工作不是封闭的，而是具有开放性的特点。

（二）大学教师的职责

我国高等学校教师的职务分为助教、讲师、副教授、教授四级。各级教师的职责如下：

1. 助教的职责

第一，承担课程辅导答疑、批改作业、辅导课、实验课、实习课、组织课堂讨论等教学工作（公共外语、体育、制图等课程的教师还应讲课），经批准，担任某些课程的部分或全部讲课工作，协助指导毕业论文、毕业设计。

第二，参加实验室建设，参加组织和指导生产实习、社会调查等方面的工作。

第三，担任学生的思想政治工作或教学、科学研究等方面的管理工作。

第四，参加教学法研究或科学研究、技术开发、社会服务及其他科学技术工作。

2. 讲师的职责

第一，系统担任一门或一门以上课程的讲授工作，组织课堂讨论，指导实习、社会调查，指导毕业论文、毕业设计。

第二，担任实验室的建设工作，组织和指导实验教学工作，编写实验课教材及实验指导书。

第三，参加科学研究、技术开发、社会服务及其他科学技术工作，参加教学法研究，参加编写、审议教材和教学参考书。

第四，根据工作需要协助教授、副教授指导研究生、进修教师等。

第五，担任学生的思想政治工作或教学、科学研究等方面的管理工作。

第六，根据工作需要，担任辅导、答疑、批改作业、辅导课、实验课、实习课和指导学生进行科学技术工作等教学工作。

3. 副教授的职责

第一，担任一门主干基础课或者两门或两门以上课程的讲授工作（其中一门应为基础课，包括专业基础课或技术基础课），组织课堂讨论，指导实习、社会调查，指导毕业论文、毕业设计。

第二，掌握本学科范围内的学术发展动态，参加学术活动并提出学术报告，参加科学研究、技术开发、社会服务及其他科学技术工作，根据需要，担任科学研究课题负责人，负责或参加审阅学术论文。

第三，主持或参加编写、审议新教材和教学参考书，主持或参加教学法研究。

第四，指导实验室的建设、设计，革新实验手段或充实新的实验内容。

第五，根据需要，指导硕士研究生，协助教授指导博士研究生，指导进修教师。

第六，担任学生的思想政治工作或教学、科学研究等方面的管理工作。

第七,根据工作需要,担任辅导、答疑、批改作业、辅导课、实验课、实习课等教学工作。

4. 教授的职责

除担任副教授职责范围的工作外,应承担比副教授职责要求更高的工作。领导本学科教学、科学研究工作,根据需要并通过评审确认后指导博士研究生。

三、对大学教师的基本要求

大学教师是培养高级专门人才的人才,因而对大学教师的素质,包括思想政治、道德品质、专业知识、科研能力,应有较高的要求。

(一)要有正确的政治方向

高等学校的教师必须热爱祖国,热爱党,热爱社会主义,拥护党的基本路线,坚持四项基本原则。树立科学的世界观和方法论,在教学过程中能自觉运用马列主义的立场、观点、方法分析问题和解决问题,引导大学生正确认识世界。因为学校的教学内容和方向只能靠教师来掌握,所以,要求教师必须有正确的政治方向。

(二)要忠诚于社会主义的教育事业

大学教师要有事业心。有事业心才有动力,不论碰到什么困难,始终站在教学第一线,全面贯彻党的教育方针,坚持为办好社会主义的大学而奉献毕生的力量。

(三)要热爱学生

教师对学生要充满友爱,要关心大学生,要对大学生进行全面的指导。要真正做到教书育人,没有爱心是不可能做到的。

(四)对自己所教的专业或学科要精益求精

教师必须精通自己所教的专业或学科,结合科研或者注意收集本专业本学科的新成果,了解其发展趋势。认真备课,经常修改讲义,精益求精。多数教师通过在职进修,结合科研和社会服务来提高教学质量,有条件时可脱产进修,不断提高教学水平。

(五)要团结协作

在高等学校里,不论是培养人才还是科学研究,都要靠许多教师的共同努力才能完成。因此,大学教师团结协作、形成合力十分重要。在教学方面,互相通气、避免重复或疏漏、互相学习、取长补短、共同提高是不容忽视的。在科学研究方面,现代科学技术的发明创造，往往需要多种学科协作，仅靠个人的力量，许多课题是很难完成的。必须组织许多校内教师，甚至校外专家，通力合作，才能完成。社会服务方面也一样，有许多项目也要靠集体的力量才能完成。因此，大学教师必须具备团结协作的精神。

这里，要特别强调教师的职业道德，即师德问题。教师的工作对象是正在成长的青年学生，教师的一言一行都会对学生起潜移默化的作用，必须有"诲人不倦"的精神，为人师表，才能做到教书育人。

四、高等学校教师的结构

教师队伍的结构是指教师的整体构成的素质。教师队伍的结构是否合理，直接影响着大学的教学与科研整体的质量。其结构的主要因素有职称结构、学历结构、年龄结构、专业结构等。

（一）职称结构

一所大学，其教师队伍内部的职称比例如何才算合理，不能一概而论。高等学校类型不同、任务不同，可以有不同的教师职称结构。大专和本科的要求不同，本科大学的高职称的比例可大于专科。而培养研究生和科学研究任务比较重的大学，其高职称的比例又要更大些。教授、副教授、讲师、助教形成一定比例，才能够发挥教师学术梯队的作用，更好地完成教学和科研工作任务。

（二）学历结构

学历结构是指教师队伍的最后学历状况构成的比例情况。我国培养研究生的起步较发达国家晚。因此，大学教师过去绝大多数只是本科毕业的学历。现在明确提出要求，以培养本科生和研究生为主的大学，教师应有硕士以上学位。原来只是本科毕业的青年教师，需求进修硕士学位的主要课程。要求将来的大学教师都能达到硕士或博士的实际水平，保证大学的教学与科研的质量。

（三）年龄结构

年龄结构是指教师队伍年龄构成的比例状况，也就是老、中、青的比例状况。脑力劳动需要有旺盛的精力和创造性思维能力。人的一生有其发展的规律。我国过去教师平均年龄偏高，对于办好大学是不利的。近年来，有许多年轻教师涌现出来，他们主要来自近几年培养出的硕士生、博士生，不少在35岁以前就被评为副教授，在45岁之前就当教授，这就能逐步改善教师队伍的年龄结构。

（四）专业结构

专业结构是指教师队伍中不同专业或不同专业教师的比例状况。

高等学校为适应经济、科学技术的发展，建立各种专业，每一个专业由许多学科构成，为此，全校要有多种学科的教师。多学科的教师结构，正是高等学校不同于专门研究机构的优势所在，即使在同一学科的教研室中，也需要由不同专长的教师组成，这样，有利于教学与科研的开展。还应注意基础课教师和专业课教师的比例。要重视基础课的教学，鼓励高职称的教师开设基础课，以保证提高教学质量。

五、大学教师的培养与提高

根据当代社会对高校教师素质的要求，按照高等教育的内部规律和教师成长的规律，要做好高校教师的培养和提高工作，必须抓好以下几个方面的工作：

（一）加强道德建设，努力提高高校教师的职业道德水平

具备良好的职业道德是对教师的最基本的要求，高校教师的政治态度和思想素质会对学生产生很大的影响。因此，高等学校必须重视并加强教师的职业道德建设，认真贯彻《高等教育法》和《教师法》对教师职业道德的要求，重视和加强宣传教育，实施以"爱岗、敬业、奉献、为人师表"为主要内容的师表工程，增强教师教书育人、为人师表的自觉性和责任感。

（二）努力提高高校教师的学历水平，加大教师知识更新力度

高校教师的高学历化，是现代科学技术和生产力发展对高等教育的要求。现代科学技术和生产力的发展，要求高等学校培养出来的人才具有更强的适应能力和创造能力，要求教学和科研更加紧密地结合，因而必然要求高等学校教师具有更高的基础理论水平和更强的科研能力，要求教师受过高层次的教育。高校教师的高学历化，是高校教师具备应有素质的基本保证。

（三）深化高等学校人事制度改革，建立新的师资队伍管理模式

高等学校师资队伍建设必须更新观念，深化认识，建立科学的师资管理体制。首先，按照相对稳定、合理流动、专兼结合、资源共享的原则改革教师的编制管理模式，促进教师资源的合理配置、充分开发和有效利用；其次，改革用人制度，逐步实行真正意义上的教师聘任制，建立能进能出、能上能下的用人机制，彻底打破论资排辈的状况。

（四）选拔、培养学术骨干和学科带头人

选拔、培养学术骨干和学科带头人是高校教师队伍建设的一项十分重要的战略任务。一个学科有几名学术造诣深的教师，可以形成一个教学科研能力强、素质高的教师群体，从而带动整个师资队伍的建设。

第二节 高等学校的学生

高校学生的基本特点，体现了大学生作为青年人所特有的生物规定性、思维规定性和社会规定性，主要包括生理特点、心理特点和思想行为特点。正确把握高校学生的基本特点，是大学教育的一个基本前提。

一、高校学生的生理特点

当前，我国高校学生大都处于人生的青年中期，年龄一般都在17~23岁之间，生理上已全面接近或达到成年人的水平，人体器官的功能已趋于完善和成熟，进入相对稳定期。

首先，生长发育的身体各项指标增长趋于缓慢，已接近或达到成人水平，运动能力显著增强。

其次，大学生内分泌腺的发育达到稳定和成熟，生殖系统逐渐达到成熟。

最后，大学生的神经系统已接近成人水平，这一时期的青年表现为善于分析和综合客观事物，能够坚持较长时间的脑力活动。

二、高校学生的心理特点

具体来说，大学生的心理特征表现如下：

（一）大学生的思维素质日趋完善

大学生的神经系统特别是大脑的机能已发育成熟，经过教育训练和专业学习，大脑接受信息、传递信息、综合信息的能力也大大提高，这一切为大学生思维素质的完善奠定了生理基础。

首先，大学生思维的抽象性明显增强。随着知识量的急剧增加，特别是专业训练难度的不断加大，大学生的抽象思维在整个思维中已占主导地位。

其次，大学生思维的独立性明显增强。在抽象思维不断发展的同时，大学生的独立思

考能力得到了提高。

最后，大学生的思维已具有一定的创造性。大学生的智力水平已发展到不再是简单地掌握信息，而是通过自己的思维去分析、综合、加工各种信息，创造出新的知识的程度。

大学生的思维能力虽然在高等教育阶段得到了较快发展并日渐成熟，但是大部分学生辩证思维的基础还不牢固，思考方式还带有片面地横向比较、微观体验、局部判断的特点，其思维训练和经验积累还有待于不断地加强和完善。

（二）大学生的自我意识日趋强烈

自我意识是人的认识过程中的一种特殊的表现形式，是个体对自我及周围人的关系的认识，它包括自我观察、自我评价、自我体验、自我监督、自我控制、自我教育等形式。大学阶段正是自我意识的迅速发展阶段，一般具有以下特点：

1. 自我意识开始分化，并且迅速发展，自我矛盾开始出现

进入大学以后，随着学习、生活方式的改变和心理意识的发展，大学生的自我意识有了明显的变化，出现了理想自我和现实自我的分化，并且迅速发展，导致矛盾冲突日益明显。大学生对自己的生活充满信心，对未来抱有幻想，而现实往往不是他们所想象的，于是就出现了所谓理想自我和现实自我的矛盾。这种矛盾分化，使得大学生越来越多地注意到"我"的许多细节，发生自我意识的改变，经过自我体验和自我调控，而表现出各种激动、焦虑、喜悦与不安情绪。当理想自我占优势时，往往会使"客体我"萎缩到实际能力以下，总认为自己事事不如人，从而产生较强的自卑感，甚至放弃努力，形成自我怜悯或伤感的心理状态；相反，当现实自我占优势时，往往表现出较强的虚荣心和自我陶醉，特别在乎别人对自己的评价，担心暴露自己的缺点。另外，大学生自我意识中投射自我意识成分明显增强，人际关系因此而变得较为复杂，同学之间的矛盾也日益增多，常会产生自己不为别人所理解，常常要求别人理解自己，出现理解万岁的理念。

2. 大学生自我意识矛盾日益突出，但调控能力相对较弱

由于自我意识的分化，"主体我"和"客体我""理想我"和"现实我"之间的种种矛盾开始出现，随着自我意识的进一步发展，这种矛盾也越来越突出。在这种矛盾心理的作用下，他们对自己的评价也常常是矛盾的，对自己的态度也是波动的，对自己的调控常常是不自觉、不果断的。他们忽而看到自己的这一面，忽而又看到自己的另一面；时而能客观地评价自己，时而又高估或低估自己；时而对自己充满信心，时而又对自己不满，感到自己什么都不行；等等。面对自我意识中的种种矛盾，大学生便开始通过各种活动来重新认识自己，自觉或不自觉地在调节矛盾中认识自己，完善自我。经过一段时间的矛盾冲

突和自我探究后,大学生的自我意识就会在新的水平和方向上趋于一致,达到暂时的自我统一。然而新的自我意识矛盾又会产生,还需要不断地自我调控和自我探究。但大学生的这种自我调控能力相对较弱,往往受到外界环境的影响。

3. 自我意识的矛盾转化不断进行,且渐趋稳定

在自我意识由"矛盾—统一—新矛盾—新统一"转化发展过程中,大学生自我意识不断发生重大变化,由刚进校的"依赖性"和"盲目性",渐渐转变为"想入非非",到毕业前就显得沉稳多了。正是由于这种矛盾转化,大学生自我意识发生了明显的飞跃,个体之间出现了不同的差异,自我意识也逐渐趋向成熟。

由此可见,大学阶段是大学生自我意识的转折时期,也是自我意识和自我矛盾表现最突出的阶段,对个体的人世界观、人生观、价值观观形成有着非常重要的意义。针对大学生自我意识的发展特点,采取相应的自我意识教育和培养,是高校学生管理的一个重要方面,要引导他们全面认识自我,积极认可自我,努力完善自我。

(三) 大学生的情感发展表现起伏多变

大学生情感丰富、复杂、不稳定,对各种现象十分敏感,对友谊、爱情、正义等追求十分执着,爱思考和辩论,甚至以行动来维护心目中的真善美;他们的情感体验深刻、强烈,感情容易外露,喜怒形于色,在外界刺激下容易冲动,容易感情用事,过后又懊悔不已;情绪起伏波动较大,呈两极分化,有时兴奋激动如火山爆发,有时消沉忧郁,甚至失去生活勇气。

1. 稳定性与波动性并存

大学生具有自我控制情绪的能力,一般能用理智约束冲动,对不良情绪进行自我调适;另外,也有不稳定因素。例如,时而平静,时而激动;时而积极,时而消极;时而肯定,时而否定;时而外显,时而内隐;等等。

2. 丰富性和复杂性并存

首先,大学生在自我情感方面敏感丰富,注重独立感、自尊心、自信心和好胜心;有强烈的求知欲、好奇心,热爱科学和真理,憎恨迷信和谬误;他们对祖国、社会和集体有深厚的情感,有民族自豪感和自尊感,有"天下兴亡,匹夫有责"的责任感、义务感,嫉恶如仇,善恶分明,正义感鲜明;大学生对纯洁的友谊和爱情十分向往,还积极地在发展美、欣赏美、创造美的活动中体验到美的感受。

其次,丰富的感情呈现出外显和闭塞、克制和冲动交错的特征。通常,大学生对外部刺激的反应迅速、敏感,喜怒哀乐溢于言表,内心体验和外部表现是一致的,呈现出外显

性特点，例如，为比赛胜利欢呼雀跃，因考试失败而垂头丧气。然而，在一些特定场合，其外在表现和内心体验并不一致。例如，当大学生感到不友好、不公正的对待和压制时，在得不到理解和尊重时，会把心扉紧闭，不轻易表露真情实感。有时还会采用文饰、反向的办法来掩饰内心情感。

（四）大学生的个性特征明显增强

大学生的个性特征主要表现在其兴趣、性格和能力上。大学生的兴趣具有广泛性和选择性的特征。大学生的性格特征一般表现为：在情绪特征方面，大部分同学表现为欢乐、乐观；在理智特征方面，大部分同学都乐于观察，喜欢思考；在意志特征方面，大部分同学的行为都具有较强的目的性，但也有少部分同学因缺乏锻炼，意志品质相对薄弱。大学生的能力包括注意力、观察力、想象力、思维力、记忆力等方面，这些能力随其生理和心理发育的日趋成熟和社会化程度的不断提高而得到明显增强。

三、高校学生的价值取向

价值取向是指主体对价值追求、评价、选择的一种倾向性态度，也就是一个人以什么样的态度来对待社会价值和自我价值，并做出选择与追求。大学生的生理和心理特点决定了他们的价值取向。价值取向是当代大学生的内心向导，它对当代大学生承担新世纪赋予的历史使命具有重要影响。

大学生人生价值观的主流呈健康向上的趋势，自主、竞争、公平、效率等时代意识明显增强。从整体看，多元并存；从个体看，多数大学生尚未形成完整的、稳定的人生价值观念。总的来说，大学生价值取向的变化有如下特点：

（一）兼容性

随着改革开放的不断深入、市场经济体制的不断完善、社会政策对个人利益的承认和肯定，越来越多的大学生开始追求进取务实和协调并重的价值选择，表现出明显的兼容性。大学生在个人与社会、义与利、奉献与索取问题的选择上不愿偏重哪一边，而是寻找结合点，希望"社会与个人利益并重""事业和利益兼得"。

（二）主体性

市场经济的迅速发展极大地张扬了当代大学生的个性，就整体而言，他们的价值取向正在由传统的社会本位转向个人本位。主要表现在崇尚自我、以个人为主体、注重自我设计、个人奋斗，强调自我价值的实现。

（三）多样性

一是价值评价标准的双重性。理论上的认知标准和实际中践行的标准不一致。当代大学生习惯以集体主义的价值标准要求别人，对自己却采取利己主义的价值标准；对学雷锋、见义勇为等行为观念上认同，却不积极转化为自觉的行动等。这种矛盾性和双重标准，充分反映了处在社会转型期大学生的复杂心态。二是价值取向的多样性。在社会主义市场经济的冲击下，大学生价值观念的来源呈现出多元化倾向。在日益多元化的个人选择中，传统的价值观念受到挑战，过去那种"舍个人为集体"的单项选择已难成共识。既要顾全大家也要快乐自己、既要国家安全又要个体幸福的并存选择，成为很多大学生推崇的价值取向。思想观念的多元化，必然使得行为选择的多样化。

（四）矛盾性

由于市场经济条件下社会群体利益分配的差别和价值观念的多元化，当代大学生在价值观念上的困惑和矛盾明显增多。"价值认知模糊"也体现在大学生个体的人格上。价值观困惑和矛盾体现在三个反差上：一是道德与道德实践的反差。大学生既崇尚真善美的精神境界和高尚人格，又注重现实，讲究实惠和实际，注重物质利益和生活目标。二是校园内外的反差，即实际存在的道德双轨的现象。学校在提倡高水准的道德规范，而社会上某些人低水准的道德行为和道德意识也在蔓延。三是理想教育与社会现实的反差。当代大学生是在求新与守旧、优越与自卑、求异与从众、贡献与索取、个人与集体等价值冲突中形成自己的观念与行为。在价值判断与选择上存在"关心与冷漠相容、希望与困惑并存、进取与彷徨相伴、认同与失落交错"的心态。

（五）时代性

青年的性格就是时代的性格。大学生的"成人"意识在日益激烈的竞争中逐渐清晰起来，在与各种复杂问题的交战竞争中，开始走向自立。

（六）不稳定性

在传统与现代、进步与落后双重价值的冲突和互动下，价值相对主义成为当代大学生价值取向的又一特征。"回归传统""全盘西化""实用理性"这些相互矛盾的价值取向可能在同一大学生的行为中得以体现。与传统道德灌输相反，青年更宽容"道德不确定性"的存在，对社会主导价值和信仰抱有更多的"游离"态度。此外，大学生正处在青春期，某些生理和心理因素处于极不稳定的变化中，他们具有强烈的好奇心，容易被外在的热点吸引，其兴趣热点游离带来很大的随意性。我国的政治、经济、文化等各方面都在发生变化，而这些变化必然会影响大学生的思想观念，他们也许昨天还认为社会主义有无比的优越性，而今天外出求职遇到挫折，马上就会得出截然相反的结论，这说明大学生的价值取向不稳定，具有很强的可塑性。

第三节 高等学校的师生关系

教师和学生是高等教育活动中的两个基本构成要素，而高校师生关系则体现了高等教育过程中人与人关系中最基本、最重要的方面。

良好的师生关系是推动教育水平不断提高的重要因素。良好的教学效果要通过师生间的人际沟通才能实现。高等学校中的师生关系尤其重要，体现在大学活动的各个方面。我们把师生关系定义为"在教育过程中，师生双方通过交往和互相影响而形成的一种特殊的人际关系"。

一、高校师生关系主要表现形式

（一）工作关系

高校师生间的工作关系是高校师生在共同完成教育教学任务中形成的一种自然关系。关于师生间的工作关系，中外教育学者曾多有论述，如：美国的亨利·罗索夫斯基（Henry Rosovsky）认为，大学是学生从教师身上寻求知识的学校，一般而言，大学各主要群体（教师和学生）间的关系应当是等级关系。而中国学者认为，师生间工作关系是一种制度化了的"领导"与"被领导"的关系，这种关系具有先赋性、法定性、稳定性等特点。

（二）情感关系

与工作关系相辅相成的另一方面是师生间的情感关系。教育心理学认为，在教育情景中，互动双方的情感关系是学生最终取得学业成功、教师最终实现教学成功的关键。作为大学教师，要让学生喜欢教师，学生才可能真正喜欢教师所讲授的课程。因此，首先要做到情感上的融洽。

1. 教师对学生的积极情感具有调节教师自身行为的功能

师生间的真挚感情可以激发教师对教育工作的热情，使教师无限忠诚于教育事业，也缩短了师生之间的心理距离，有助于教师更深入地了解学生（如学生的家庭情况、学习、生活等），以取得更好的教学效果。同时教师对学生的积极情感，还具有调节学生行为的功能。例如，若遇学生违反课堂纪律，教师有意或无意地提醒或暗示，能或多或少地对其行为施加影响。当然，教师对学生不宜轻易产生厌恶的情感，而应以鼓励为主。

2. 学生对教师的积极情感在教育上也具有重要的意义

学生与他们所喜爱的教师相处，有助于在教育过程中形成一种良好的准备状态，这种状态能够激起学生浓厚的学习兴趣，有利于学生完成学习任务；而学生与其所喜爱的教师相处易产生一种信赖感，这种信赖感将会使教师具有极大的感召力。对教师来讲，为学生所信赖，这是极大的幸福和动力源泉。

（三）道德伦理关系

这种道德伦理关系是靠一定的社会道德观念和道德规范来维持的，是一定社会道德风尚的重要组成部分。

二、创设高等学校良好的师生关系

高等学校的师生关系，应是教师主体与学生主体在自愿、平等、宽容、激励等前提下主体间的交往关系，在由这种师生关系所创设的民主、平等、宽容的心理氛围中，师生共同研讨、探讨问题，教学相长，以提高高校教育质量。

（一）高校师生关系的特点

要建立良好的师生关系，教师就必须充分把握高校师生关系的特点。

1. 在师生工作关系中，学生的主动性明显增强

大学生因其生理和心理日趋成熟或已基本成熟，能够把社会或学校的任务内化为自己的学习目标，从而积极参与教育教学活动。这时，教师的主要任务就是还主动权给学生，对其因势利导，帮助其养成良好的学习习惯，教师要信任学生，而不能完全剥夺学生的自主权。

2. 高校师生情感建立在平等和民主的基础上

高校活跃的学术氛围和大学生的心理、生理特征，决定了学生不再是被教师"绝对领导"的对象，大学教师要敢于放下架子，心平气和地与学生"平等对话"。当然，还要注意，不仅要引导学生之间学会欣赏对方的优点，正确看待各自的缺点，而且大学教师也一定要率先垂范，努力发现和欣赏学生的优点。

(二) 建立良好师生关系对教师的基本要求

教育实践表明，良好师生关系的建立，教师对学生的态度、行为起着重要的作用，这里主要从教师的角度进行介绍。

加强师生之间的理解与沟通。建立良好的师生关系，需要双方对各自的角色规范有明确的共识与认同。由于高校活动的特点，加之我国正处在社会转型时期，目前高校师生缺少交流，关系趋于表面化，各自的角色规范没有达到明确的共识与认同。师生之间缺乏友情，常吟"生意经"，感情淡漠，交往不多。这不仅反映在课堂教学上，也反映在课后活动中，为了改善师生关系，加强师生之间的理解与沟通，教师应当有主动精神，主动深入学生群体，主动延长交往时间，主动增加交往频率，同时，多发现学生的优点，在恰当的时候给予一定的表扬，这些都有助于改善师生之间的关系。尽管高校教师实行的是不坐班制度，可以上课来下课走，但是，高校教师不应有忽视的观点，不应忽视学生渴求与教师交流的愿望。

第四节 高等学校课程和课程体系

高等学校课程是教学活动赖以开展的依据，教学过程就是按课程所提出的计划，通过教师和学生的双边活动，从而实现课程所规定的各项教学目标的过程。因此，课程也是高等教育目的和高等学校培养目标的重要实现途径。

一、课程的含义及功能

（一）课程的含义

课程在教育活动中始终处于基础和核心的地位。我们可以从广义和狭义两个方面来理解课程的含义。

从广义来说，课程是指学生在学校获得的全部经验，其中包括有目的、有计划的学科设置、教学活动、教学进程、课外活动以及学校环境和氛围的影响。也就是说，广义的课程除了学校的课程表所表示的正式课程之外，还包括学生的课外活动及整个学校生活中对学生产生潜移默化作用的校园文化中的非制度层面的影响；不仅包括书本的知识内容，还应包括对学生各种课内外活动做出明确的安排，以不断地促进学生知识与经验的结合。

从狭义来说，课程是指各级各类学校为了实现培养目标而开设的学科及其目的、内容、范围、活动、进程等的总和，它主要体现在课程计划、课程标准和教科书之中。

（二）课程的功能

课程之所以居于教育活动中最基本和最核心的位置，这是由课程的功能决定的。课程究竟在教育活动中起着什么样的作用？这些作用对于个人和社会的发展意味着什么呢？以下对课程的功能做一简单介绍。

1. 课程的育人功能

培养人是课程最基本、最重要的功能，课程是通过培养人为政治、经济、科学技术服务的。如果脱离了教育的育人的基本功能，所谓的政治、经济功能都不能正常发挥作用。因此，首先要注重教育的育人功能，并把这作为课程的主体功能。显然，课程能够成功地培养人，也就能够成功地作用于政治、经济，而如果课程的育人功能落空，在培养人的过程中遭遇失败，那么对于政治、经济发展所起的作用也就只能是消极的。

2. 课程的文化功能

人类获得文化，不是通过遗传的方式，而是经由后天的学习和教育为之，这里演绎为课程。每一个具体时代，人类的生存和发展都不是从头开始的，而是在前人积累和创造的物质和精神文明基础上展开，并一步步向前发展，而这种发展的基础主要是靠教育获得。其中，课程所起的作用是最大的。凭借课程，人类的各种文化成果从一代人传递到另一代人，使得文化得以延续。可见，课程是人类文化赖于延续和发展的重要条件。

（1）课程具有传递文化的功能

文化传递是文化的世代相接，是文化在时间上的延续。课程传递着文化，使新生一代能够较为迅速、高效地占有人类创造的精神文化财富的精华。如果人类文化不能代代相传，那么任何新生的一代都得去重复他们的前辈所经历的事，人类就永远只能停留在结绳记事、钻木取火的蒙昧时代。人类是文化的创造者，也是文化的继承者，就世代交替的整个人类而言，从创造到继承必须依靠课程来完成文化的传递。

（2）课程具有选择、升华文化的功能

社会的文化并非全部是精华，这就需要通过课程对其进行筛滤，这是文化进步的一个重要的内在机制。学校教育在本质上就是一种文化价值的引导工作，它撷取文化的精华编成教材，提供适应社会生活发展变化需要的观念、态度与知识技能。课程对于文化的选择，根本上是趋向进步与合理的，然而每一次具体的选择，总是由于选择者的个人局限及社会文化和课程本身的现实局限。因此，课程对于文化的选择，必须不间断地进行。这一点，在今天就更加成为人们的共识。

（3）课程具有创造、更新文化的功能

就社会文化的运用而言，利用固有文化模式，以解决新社会环境中的问题叫作适应；而利用人类智慧在旧文化模式中力求更新，并行之于新文化环境则为创造。文化和课程不是自然赋予人类的，相反，它是"人所加于自然的一切"，是人类利用自己的智能和体能创造出来的。所以课程的积极功能在于培养个人的创造能力，以利于文化的更新。

二、课程体系（结构）

课程体系是指学校课程体系中各种课程类型及具体科目的组织、搭配所形成的合理关系与恰当比例，是由各类课程构成的有机的、完整的统一体。

（一）高等学校课程体系

高等学校各专业的课程体系主要反映在以下几个比例关系上：

1. 普通课程、专业课程、职业课程以及跨学科课程

普通课程包括政治课、外语课、体育课、军训课等，是任何专业的学生都必须学习的，虽然与专业没有直接的关系，却是今后进一步学习的基础，也是全面培养人才所必需的课程。

专业课程是集中体现某一专业特点的课程，又可分为专业基础课程和专业应用课程。前者是学习某一学科或某一专业的基础理论、基本知识和基本技能的训练课程，而后者则带有较明显的职业倾向。

跨学科课程是建立在其他课程学习基础之上的，以促进学生在高等专业化基础之上的高度综合，不至于让学生学习专业课程以后株守一隅，而能横跨几科，融会贯通。

2. 必修课程与选修课程

必修课程是学习某一专业必须掌握的基础知识和技能，以保证所培养人才的基本规格和质量。而选修课程则可以比较迅速地把科学技术的新成就、新课题反映到教学中来，有利于学生扩大知识面，活跃学术空气，也可以把不同专业方向及侧重的课题内容提供给不同需要的学生，以增强教学计划的灵活性。

3. 理论性课程和实践性课程

理论性课程是指加强基础理论知识的课程。它可以通过间接的方式帮助学生掌握本专业所需的基础理论。实践性课程是指加强基本技能训练的课程。例如，理、工、农、医的各专业要搞好实验、实习、计算机应用、绘图和某些必要的工艺及有关现代技术的训练；师范专业要加强教学实习；文科专业要搞好阅读、写作、资料收集、调查研究和使用工具

书的训练等。

4. 大、中、小课程

提倡课程的小型化，可以在不增加总课时的前提下，压缩教学内容，削减教学时数，相应地增加课程的门数。同时，教师应积极开发 30 学时以下的微型课，及时将学科发展前沿的信息，以及教师自己从事科研的成果转变为教学内容，这也有利于拓宽学生的知识面。

5. 显性课程和隐性课程

我们通常所说的学校课程，是指明确的、事先编制的课程，也称显性课程、常规课程或正式课程。关于隐性课程，布卢姆认为，隐性课程的主要目标与学生的学习有关，也与学校所强调的品质以及社会品质有关，学校的组织方式、人际关系等社会学、文化人类学、社会心理学的因素对于学生的态度和价值观的形成，具有强有力的持续影响。这是因为学校是一种特殊的环境，生活在其中的学生负有相互支持、关心和尊重的责任。学校的学习不可能是学生的单个学习，而是集体的活动。在这种集体活动中，有时要强调控制、等级、竞争，有时要强调鼓励、平等、互助。各个学校还有各自所强调的主要品质。

（二）课程体系的改革

课程体系是学校人才培养目标与培养规格的具体化。因此，学校的课程体系应全面体现我国高校人才培养的总目标，即：培养适应 21 世纪科学技术、经济、社会发展需要的，德、智、体、美、劳全面发展的，基础扎实、知识面宽、能力强、素质高、富有创新精神的高级专门人才。

1. 课程体系改革的目标

高等教育的课程体系改革的目标是以社会发展需求、学生个性发展、学科自身变革为目标，以适应学生发展为重点，进行知识系统的重组与整合，形成知识逻辑和问题创新相结合的创新课程体系。优化的课程体系将有利于学生的创造精神和创新能力的培养，有利于学生自学能力的增强和人格品质的塑造，有利于学生的实践能力的提高，有利于学生个性的发展。

2. 课程体系改革的原则

要构建创新课程体系，在观念和实践上都要坚持以下三个转变的原则：

第一，从传授型课程向创造型课程转变的原则。在知识经济时代，创造性的构想及技术更新构成了经济发展的主要推动力量，以培养学生创新意识与能力为宗旨的创造型课程必将成为学校课程改革的方向。创造型课程与传授型课程的主要区别在于课程的出发点及学习者的心理水平不同。创造型课程将学生的学习由感知、记忆水平提高到想象、思维高度，其主要特征是学生在课业学习过程中着重创新意识、态度及创造性地解决问题的能力的培养。

第二，从专业化课程向综合化课程转变的原则。现代社会，各行各业之间的联系越来越密切，局限于某一狭窄专业难以适应现代社会。创新往往产生于各专业之间的交叉处。因此，实施综合课程是现代科学向协同化和综合化发展的必然结果。通过实施综合课程，有助于为学生提供完整的知识结构，可以消除课程繁多、学生负担过重的倾向，有助于应付知识的激增及学生的学习和个性的发展。

第三，从单一化课程向多样化课程转变的原则。传统的课程强调整齐划一，同一专业的学生都学习同样的课程，结果造成人才培养的单一化。单一化的课程阻碍了学生个性的发展及其创造力的发展。要培养学生的个性，就应尽可能开设较多的课程，除必修课外，要使选修课模块化，保证学生合理的知识结构。这样既可保证学生形成比较系统、完整的知识结构，又可以满足学生个性发展的需要。

3. 课程体系改革的措施

第一，课程弹性结构的建构。课程的设置根据专业的学科知识体系和学生应具备的素质需要而建构。要以培养学生的基本素质，发展学生的创新思维和创新能力，引导学生学会学习、学会思索，使学生能够运用所学知识发现和解决实际问题为目标并围绕该目标设置课程。课程计划要改变传统的单一僵化的模式，允许学生根据自己的特点和志趣，在教师的指导下确定自己的发展方向和课程计划。要注意增加选修课程的比重，开设微型课程，以利于课程体系的灵活调整。为保证教学内容的整体性，避免课程结构的松散和学生知识结构的不完整，要注意课程之间纵向的相互衔接和横向的相互联合。要改变课程体系僵化和固定不变的局面，开设新兴课程，淘汰已陈旧落后的内容，建构一种具有弹性的课程结构。

第二，课程教学内容的改革。在课程内容的选择和组织上，要尽量避免过分追求学科知识体系的系统化和完整性，改变把知识传授作为课程教学重点的做法。教学内容选择的标准在于对学生科学思维和创新思维的建立和培养，要让学生掌握学科的理论框架和逻辑框架。注重理论与实际相结合，将理论教学、实际案例和课程实验、课程设计有机地结合起来，在传授知识的基础上注意对学生思维方式和创新思维能力的培养。

第三，课程综合发展的改革。在课程体系的设置上，要强调科学本身的综合性和整体性，打破学科与学科之间的界限，突破传统的学科知识结构体系，将相近的学科知识内容进行重组构建，形成新的创新课程体系。突出科学本身的整体性，为学生提供超越某一学科或领域局限的思维模式，使学生形成整合的视野和价值观。但不宜过分追求课程的综合化，综合课程应是建立在分科课程基础之上的，它不可能完全取代分科教学。学科课程与综合课程互为补充，是相辅相成的关系。综合课程一般采取两种形式，一种是将有内在联系的不同学科的内容整合在一起而形成一门新的学科，叫作融合课程，如科学与人文的融合；一种是合并数门相近学科的内容形成的综合性课程，叫作广域课程。

第四，课程教学手段的改革。改革传统的以学科知识体系为线索、以教师讲授为主的灌输式的单一教学形式。课程的组织可以以讲授、专题研究与讨论、案例教学、课程设计以及利用CAI课件或其他工具进行自学等多种教学方式进行。教学的重心要从知识的传授转向思维方式的培养上，引导学生实现知识的迁移与内化。训练学生利用文献和网络查阅资料，进行学习和科学研究，以培养学生掌握学习的方法，学会学习。在教学手段上要尽量鼓励采用先进的工具，这既能提高课堂教学的信息量和教学效果，又可以让学生熟悉和掌握使用先进的信息技术与工具，学会收集、整理、运用信息的方法和手段。同时，开设现代教育技术、多媒体技术、远程教育等课程，通过现代化教学手段的广泛应用，进一步促进创新课程改革的深入进行。

第五，课程实践环节的改革。课程实践环节是创新课程体系中一个重要的组成部分，实验、课程设计、实习等实践环节要发挥其应有的作用，要得到切实加强。实践环节不只是验证所学，更重要的在于对学生科研能力的培养。要把科研活动引入教学之中，鼓励学生尽早参与科学研究，鼓励学生自主确立研究方向，带着问题思考、学习、查找资料、进行调查研究和科学实验，把获取知识与思维的丰富以及实践能力的提高统一起来。促进学生的学习能力、思维能力、科研能力、实际操作能力和团结合作精神的培养。

4. 课程体系改革应处理好的几个关系

第一，专业教育与通识教育的关系。首先要承认专业教育的合理性与必要性。其次，要承认加强通识教育是提升高等教育品位的重要手段。在处理两者关系时，还应注意两点：一是学校的定位；二是学校面向地区的经济发展的水平。

第二，共性与个性的关系。现在的主要问题在于选修课程的落实、教学质量的提高与管理的科学规范。

第三，理论与实践的关系。在理论与实践的关系上，教师对实践教学的重视程度还需要加强。

第四，课内与课外的关系。长期以来，我国高校在教学安排上，重课内、轻课外，课内总学时安排偏高，使得相当一部分学生处于一种被动应付的局面。

第五，专业定向与分流培养的关系。过早的专业定向以及相应的课程设置，使得学生的专业面过窄，同时要实现专业间的流动难度极大。

第四章 高等学校教学

第一节 高等学校教学方法

一、高等学校教学方法及其特点

教学方法是教师和学生为达到教学目的而共同进行的认识和实践活动的途径和方法。它是教学过程中各种具体的教授方法和学习方法的综合,是教学原则的具体运用。

与中小学所采用的教学方法相比,高等学校教学方法的特殊性主要体现在以下几点:

(一)由教师直接控制转变为师生共同控制信息的传递

高校教学强调既发挥教师的指导作用,又发挥学生的主体作用,特别是通过教学方法的使用,充分调动学生学习的主动性和积极性,培养学生独立的学习能力和创造能力。

(二)教师教的成分逐渐减少,学生学的成分随着年级的升高而递增

由于大学生身心发展已经趋向成熟,学习的独立性增强,处在教学方法中的双方在整个体系中的位置发生了较大的变化,学生的学习时间在教学时间中的比例越来越大,对教学质量所起的作用也逐步增强。

(三)教学方法与研究方法的相互渗透和结合

高等学校的教学渗透科研的因素是其与中小学教学过程的一个显著区别。高校的教师在让学生掌握前人积累的知识的基础上,要引导学生了解科学发展的前沿,并在教学中逐渐将人类探索、研究客观世界的方法与教学方法结合起来,训练学生初步掌握一般的科学研究方法。

二、高等学校教学方法的选择与运用

(一)选择教学方法的依据

教学方法要受教学对象、教学目标、教学内容、教师自身的素质、教学设施条件、教

学手段等多种因素的制约和影响，因此，教师在选择与运用各种教学形式与方法时，必须充分考虑到这些因素。

1. 教学对象

选择与运用教学方法，必须充分考虑到学生的身心特点、知识水平和能力水平。大学生在生理上开始进入青年中期（17~21岁）和青年晚期（22~26岁），在心理上也随之出现了很多新的变化。特别是大学生的神经系统发育基本完成，表现为善于分析和综合客观事物，能够坚持较长时间的脑力劳动，并表现出精力旺盛的特征。在思维方式上，大学生的思维较中学生也有了很大的提高，主要表现为抽象逻辑思维能力正处在从量变到质变的关键时期，思维的独立性、批判性、独创性都得到了发展。

大学生的身心发育特点对高等学校教学方法的选择具有重要意义。高等学校的教学方法一方面要符合大学生的身心发育特点，避免空洞的、说教式的教学；另一方面，教师要充分发挥学生发散思维和独创思维的优势，引导他们开阔视野，鼓励他们尽快走上独立的研究思索之路。

2. 教学目标

方法是实现目的的手段，目标要借助方法来实现。因此，方法的选择取决于目标的需要和要求。在教学方法的选择中同样存在着这样的问题。

大学的教学，就其主要方面来讲，是传递和掌握人类已有的知识。但除了掌握已有的认识成果外，它还要为大学生进入发现领域创造条件。与此相适应，对大学生进行科学方法的训练，便成为大学教学方法的重要内容。

此外，在高等学校的教学过程中，也存在同一个教学目标可以通过不同的教学方法来实现的情况，比如，为使学生理解"影响高等教育的内外部规律"，既可以通过教师的集中讲授来完成，也可以通过学生的实地调查研究来实现，当然还可以通过教师边讲授、学生边调查的方式来完成，教师和学生可以根据实际情况做出多种选择。

在高等学校的实际教学过程中，还存在另外一种情况，即为了完成某个教学目标，某种方法会取得最佳的效果。比如，让学生获得某种社会实践能力，讲授法也许能完成任务，却远不如让学生直接参加某种特定的社会实践活动的锻炼效果好。

3. 教学内容

内容决定形式。高等学校课程多、门类复杂、教材多样，对于不同的学科、不同的课程，要采用不同的教学方法。例如，数理课程侧重于推导论证，多采用讲授法、练习法；文史课程侧重于观点与材料的统一和逻辑推理，要多采用社会调查、问题讨论法；理、化、生课程要伴以图像演示和实验操作，多采用实验法、练习法；工艺课程的教学要多用实习；

学医的要临床见习；学农、林、生物的要采集、栽培；等等。这些都是由课程本身、教学内容所决定的。

4. 教师自身的素质

教学方法是由教师来选择的。教师自身的素质，特别是教师的业务素质水平、性格特征、职业道德水平等，对教学方法的选择也具有重要的影响。

教师的业务水平主要包括教师对本学科知识领域和教育学、心理学知识的掌握水平。一般来说，业务水平高的教师，在教学方法的选择上会有更多的余地。业务水平高的教师，可以比较自信地尝试采用不同的教学方法来实现教学目标；相反，如果教师的业务素质水平不是很高，教师对不同教学方法的选择和运用就会缺乏自信，从而限制其对教学方法的选择，或者即使运用了新的教学方法，也可能会限制新方法的使用效果。

教师的个性特征对教学方法的选择也会有一定的影响，性格比较活泼、随和的教师比较容易选择讨论式或其他比较符合大学生性格特征的教学方法；而那些个性比较严肃的教师，在使用一些气氛相对活跃的方法时，就可能会因为角色转变不成功而影响实际效果。

在教师的自身素质中，教师的职业道德水平对教学方法的选择也有着非常重要的影响。一般来说，职业道德水平高、对教学工作认真负责的教师，会主动探索、尝试和比较各种不同教学方法的优缺点，因时因地选择不同的教学方法。而职业道德水平不够高的教师，就会在教学方法的选择上马马虎虎，不注意研究各种不同教学方法在不同情况下的运用效果。

5. 教学设施条件

教学设施条件是教学方法选择的一个重要的硬件制约因素，在不同地区、不同高校、硬件设施不一样的情况下，教学方法就不可能生搬硬套。特别是一些对教学设施依赖性较强的教学方法，像计算机模拟教学、实验教学等，在硬件设施缺乏的学校，就难以应用。

（二）高等学校常用的教学方法

高等学校常用的教学方法多种多样，而且根据不同的标准有不同的分类。根据教学形式与教学方法相统一的标准，目前，高等学校所采用的基本的教学方法大致可分为课堂教学的方法、自学和自学指导的方法、现场教学的方法和科研训练的方法这几种类别。

1. 课堂教学法

（1）讲授法

讲授法是教师通过口头语言表述、讲解、讲演等形式，系统地向学生传授知识的方法，是目前我国高等学校教学普遍采用的方法。

讲授法的优点主要有以下几个方面：

第一，教学效率相对较高。能在较短的时间内，有计划、有目的地借助各种教学手段，传授给学生较多的有关各种现象和过程的知识信息。

第二，成本低。讲授法是一切教学法中最经济简单的一种，它不需要投入过多的物质设备，比其他教学方法的费用要低得多。

第三，通用性强。一堂讲授课的内容常常是通用的，可以通过增加或删除其中的某些内容以适应教材和学习者的变化。

第四，能寓思想教育于讲授之中，具有较强的感染力。

讲授法的缺点主要有以下几个方面：

第一，讲授法主要是一种单向的信息传输方式，过多地使用，容易造成学生思维和学习的被动。

第二，讲授作为一种以语言为主要媒介的教学方法，不能使学生直接体验知识。

第三，讲授对记忆的作用较差，不利于学生记忆知识，对较长课时的课程尤其明显。

讲授法的适用范围如下：

讲授法的适用范围比较广。从教学内容看，讲授法一般适合于讲授与事实相关的知识，适合于抽象程度高、学科内容复杂的课程；从讲授对象看，需要给予更多指导的学生和刚刚开始大学学习的低年级学生比较喜欢讲授法；从教师素质看，讲授法适合于那些知识丰富、了解学生心理特征与认知水平、充满自信、思路清晰又能驾驭语言技巧的教师；从教学形式看，讲授法适合于规模较大的班级。

人们常常将讲授法与注入式、填鸭式联系在一起，并把教学的呆板、照本宣科、学生缺乏学习主动性看成是讲授法带来的必然结果。其实，造成这些弊端并不是因为使用了讲授法，而是在运用中没有将方法与教师、学生、教学内容及环境相协调。

运用讲授法的基本要求如下：

第一，教师要了解学生，使需要传递的信息适合学生的知识背景和兴趣。一般在讲课之前教师要进行调查，要了解学生已学过的知识、学生现有水平、学生平时的思想方法等，然后围绕重点、难点组织讲授，使学生易于理解。

第二，教学内容应体现专业培养目标的要求，做到科学性与思想性的统一。在讲授中对于每个概念、原理、规律、公式的阐述，都必须在观点上和论证方法上是正确的，都必须以确凿的材料为依据，准确地使用科学概念。

第三，教师板书内容要经过教师的精心提炼，要能够引导学生掌握重点，便于学生记笔记和进行复习。

第四，教师要善于运用语言的技巧。做到语言清晰、精练、生动形象、条理清楚、通俗易懂，音量、音速要适度，并恰当配以肢体语言。

第五，注意学生的反馈信息。讲授过程是一个信息传递和反馈的过程。教师是信息的输出者，又是整个教学过程的控制者。在教学过程中，教师是能够得到学生的反馈信息的，关键是要察言观色，从观察中掌握学生的反应。然后对自己的讲授进行必要的调节，使讲授过程一直处于积极的状态。

第六，指导学生学会听课。讲授方法是讲课方法与听课方法的统一，教师在运用讲授方法时，不仅应当掌握讲课方法的改进，而且必须加强对学生听课方法的指导，引导学生善听、善思、善记，只有这样才能达到预期的效果。

（2）课堂讨论法

课堂讨论法是指以加深对所学内容的认识、辨明是非或获得新的结论为目的，把学生组织起来，激发思维，各抒己见以取得共识和交流，分享不同见解的教学方法。

课堂讨论法的优点主要有以下几点：

第一，有利于调动学生学习的积极性，培养学生的批判性思维能力。讨论要求学生提出自己的观点，并且学会用事实、概念、原理等进行推理，支持自己的观点。与此同时，还要抓住对方论点、论据和论证过程的错误或失误，与对方交流，最后大家达成共识。通过这一过程，学生的批判性思维得到训练。

第二，有利于学生将书本知识与实际结合起来。为了更好地参与课堂讨论，学生需要到实际中进行调查研究，掌握大量的第一手资料，从而使讨论既有理论依据，又有实例证明，真正做到将书本知识与实际结合起来，有利于帮助学生运用已学过的知识去探索，最终找到解决问题的方法。

第三，有利于培养学生人际交流技巧，提高书面和口头表达能力。讨论既需要事先准备好发言稿或发言提纲，又需要大量的即席发言；既需要有师生间的交流，又要有学生之间的相互交流，这大大有利于人际交流技巧的提高。

课堂讨论法的不足在于所花费的时间和精力比较多，有时在教学中表现为无计划，教学目的、任务常常难以完整地实现。

课堂讨论法的适用范围：

从教学内容看，课堂讨论法更适合于应用概念和学会解决问题的技能，也适合于旨在改变学生学习态度的教学。从教学对象看，高年级的学生更适合于课堂讨论法，班级成员之间关系融洽也有利于选用课堂讨论法。从教师素质看，要求教师善于倾听学生的各种看法，愿意与持有不同观点的学生心平气和地进行讨论，善于鼓励学生提出问题；从教学形式看，课堂讨论法适合较小的班级或小组。

课堂讨论法的运用要求如下：

第一，讨论前要有适当的布置。

为了使课堂讨论更有成效，也为了使学生在讨论时积极踊跃地发言，教师在选题时一定要针对学生的实际，选择学生感兴趣、与实际有一定联系、有一定难度的题目。

一般在选题时尽量要求做到：①每次课堂讨论论题要能体现课堂讨论的具体目的。如目的在于加深对知识的理解，就应选择重要的基本理论问题；如目的在于知识的应用，就应选择具有理论意义的实际问题或案例；如目的在于开阔学生的视野，激发对学术问题探讨的兴趣，则应选择本学科有争议的学术问题。②论题的内容与表述要有启发性，能引起学生解决问题的欲望与积极的思维活动，那种书本上有现成答案的问题不宜作为论题。③论题的难易程度应符合学生水平并照顾到学生的接受程度。

同时，在课堂讨论之前，一定要先给学生一定的时间收集资料、准备发言提纲，使学生具备充分地参与讨论的基本条件。

第二，掌握讨论的组织策略。

第一步，分小组讨论。教师向学生说明每小组成员在讨论中承担的角色，让学生了解自己应该做什么，小组长负责主持，教师轮流参加各小组的讨论，适时、适量地介入讨论，以确保讨论不离开主题和顺利进行。比如，有学生的发言离题太远，教师应及时加以提醒；有学生垄断讨论，说话时间太长，或说话次数过多，以至于剥夺了别人发言的机会，教师须婉言劝阻，使大家发言的机会均等；如有学生词不达意，教师要帮助他表达清楚。

第二步，小组间辩论。在小组讨论的基础上，组织全班范围内的讨论、辩论。先是每个小组选一两名代表把本小组的讨论情况、主要观点、疑难问题向全班同学介绍，由此各小组之间有不同观点的可展开讨论、辩论，这时在全班范围内可自由发言。

第三步，教师对讨论结果进行总结，便于学生在讨论的基础上对论题有更加系统、深入的认识。教师总结的内容应包括：对学生发言内容加以归纳和评价，肯定正确的意见，尤其是具有创造性的见解，指出模糊的甚至错误的论点；在学生发言的基础上，补充教师对论题的基本观点，即带有结论性的意见，有些一时难以做出结论的问题应加以说明；就本次讨论的优缺点加以总结，尤其是在讨论方法上，指出不足，以推动学生学习方法的改进，为后面的讨论或其他教学活动做好准备。

两种常见的课堂讨论法：

6人小组的讨论方法，也称"六六法"。因为这种方法中，每组6人，每人发言1分钟，6人共计6分钟的讨论时间。

其进行的程序如下：第一，分组。以教师指定或学生自愿的方式，6人一组。每组须选出一位主持人和记录员。第二，提出讨论问题。教师提出事先准备好的题目，清楚说明题意后，要求各小组讨论出一个较一致的答案，并说明主持人和记录员的职责。如果拟定的讨论题目是学生不熟悉的课题，可提供有关资料来源，要求学生事先准备。第三，进行讨论。限制6分钟的讨论时间，其间教师应巡视各组，观察讨论情形，并提供必要的协助。第四，综合报告。每组指派一名组员，介绍本组的观点。第五，教师综合归纳各组论点。这种讨论方式适合于争议较大、学生感兴趣的问题。它使用简便，经济有效，在短暂的时间内，迫促进所有成员能快速而普遍地表明意见，并综合归纳出比较一致的观点。

头脑风暴法。这是一种独特的讨论法，意在集思广益，聚集众多人的智慧解决问题，它可使学生在较短时间内表现出高水准的创造力。一般参加人数在5~15人之间。

头脑风暴法进行的步骤如下：第一，推选主持人，在头脑风暴中，主持人扮演着重要的角色。他首先要向组员陈述讨论的问题，并决定记录的方式。在进行讨论时，他必须能够掌握讨论的进程，并激发成员参与讨论的意愿。第二，进行第一次讨论，要求每位成员提出各种可能的解决办法，尤其是鼓励并协助沉默的参与者发言。此时，禁止对任何办法做评论，以免遏制其他人的发言意愿。但是，允许对提到的办法进行修正。这个阶段的主要用意在于广泛征求各种意见，重量不重质。第三，进行第二次讨论，将第一个阶段记录下来的办法，根据一定标准，逐一评论其可行性和价值，最后从中选出最佳的办法。这个阶段，重质不重量，所做的评论本质上应有建设性，切忌对参与者产生任何威胁感或是人身攻击。

（3）实验教学法

实验教学法是教师按照教学计划的要求，指导学生借助仪器设备，经过直接实验获取知识、培养技能技巧的一种教学方法。

实验教学法的优点在于：①有助于学生巩固、验证本学科的基本理论，加强对课堂教学所学基本知识的理解，熟悉知识和理论在某些方面的实际应用。②培养学生动手操作仪器设备的能力和处理实验数据、观察分析实验现象的能力，以及对实验结果做出符合科学的结论、综合归纳分析、图表绘制和书写实验报告的能力等。③通过实验课，学生懂得科学实验的基本原理，学习基本的实验知识，培养基本的实验方法的能力和及阅读选用文献资料，正确选择实验研究方法的能力，初步具有从事科学研究的独立工作能力等。④培养学生的科学实验品质和实践第一的观点，养成一丝不苟的科学作风和实事求是的科学态度。

按照高等学校教学的特点及学生在实验中独立性程度的不同，一般可将实验教学方法分为演示性实验、验证性实验和研究性实验三种类型。

（4）计算机辅助教学方法

计算机辅助教学方法是教师站在计算机旁，边操作边讲授，计算机处理并显示数字化讲义，将其内容通过投影机投射到大投影幕上。鼠标或激光教鞭替代了传统教鞭，数字笔或键盘替代了粉笔。

计算机辅助教学方法的优点在于：第一，数字化讲义存储在磁盘或光盘上，易于复制，便于交流。随着高校校园网的建立和完善，这种数字化讲义还可以在网上发布，方便学生查阅或下载。第二，运用多媒体技术，可最大限度地调动学生的各种感觉器官，从而获得对事物的非常生动的感性认识。

2. 现场教学法

现场教学是在社会实践中进行教学活动的组织形式。通常有参观、调查、实习等方法。

（1）参观法

参观是教师根据教学要求组织学生到课外、校外的现场（如自然界、农场、工厂、博物馆、展览会等）进行生动的直接观察，认识客观事物和现象，以补充和丰富课堂所获得的知识。这种教学形式能给学生具体的感知、强烈的感受，激发他们的兴趣和热情。

作为教学形式之一的参观，通常是配合一门课程进行的，有时也不限于一门课程，甚至是配合整个专业的教学进行的。教学参观分课前进行和课后进行两种形式。

课前参观的目的在于为理论知识的教学提供感性认识的基础。如：在讲授古代某一历史时期的经济、文化发展状况之前，组织学生到历史博物馆参观这一时期的生产工具、生活用具以及艺术品。学生在参观中获得生动的印象，提出许多"是什么""为什么"的问题。带着这些问题去上理论课，学生的求知欲望就会很强烈，学习积极性、自觉性高，教学效果就会好。

课后参观的目的在于印证理论并补充和丰富课堂难以获得的知识，还有一些教学内容，通过课堂讲授或书本学习，抽象乏味，难以理解，可以移到现场，边观察边讲解，教学效果更好。

参观法的优点在于：第一，能提高知识信息的传播速度。通过实地参观考察，了解各种运动着的事物，能获得正确、鲜明、切实的感性知识。第二，能及时地以最新科技成果组织教学。第三，学生通过接触实际，独立观察，获得了丰富的感性材料，有助于稳定学生的专业思想，激发学习兴趣。

参观的准备与指导要求：参观的准备工作，包括根据教学目的，选定参观对象；同被参观的单位共同拟订参观计划，编写印发参观的指导书或说明书；约请被参观单位派人指导。参观计划要根据教学的要求、现场的情况和学生人数等，周密地考虑一切参观过程的细节。参观的指导书或说明书,要在参观的全过程中确定重点部分和辅助部分,对于重点参观的对象,要有较为详细与具体的指导或说明,以免学生只看到大机器和有趣的东西,而忽略关键性的细节。学生人数多时,必须分组参观,使每个学生都能看到所要看的东西,听懂所应听的讲解。

参观时最好是邀请技术人员讲解,但技术人员的讲解可能不符合教学的要求,教师可做必要的补充。所以,教师要先到现场和技术人员一起备课。参观前,要把参观对象的基本情况、注意事项,特别是安全事项对学生交代清楚。在参观过程中要随时注意学生的活动和反应。

参观结束时,可让学生自由交换意见、提出问题,由技术人员或教师解答。应当要求每个学生在参观过程中遵守现场有关部门的规定,注意文明礼貌,并随时做好参观记录。参观后,学生要写参观报告或组织讨论,以巩固参观所获得的知识,强化参观效果,并从中检查学生参观的成绩。

(2)调查法

调查法是调查者有目的、有意识地运用各种科学方法和手段收集有关事实资料,并由此进行分析研究,以探索事物本质及其发展规律的一种方法。它是高等院校理论联系实际的重要的教学组织形式。

调查法主要有观察法和访问法。

观察法是深入对象中间,与他们共同生活,成为他们中的一员。这种方法取得的材料比较丰富、可靠,但时间较长。

访问法可采用个别访问的方法,也可采用集体访问的方法,集体访问就是通常所说的开调查会。请来参加调查会的人要有代表性,人数不宜太多,调查会气氛要友好和谐,使被调查者畅所欲言。个别访问要注意礼貌,事前要说明访问目的,并约好访问时间。在调查活动中,要随时整理资料。调查结束后,要进一步全面整理、分析调查材料,最后写出书面调查报告。

(3)实习法

实习是指组织学生到现场从事一定的实际工作,以获得有关的实际知识和技能,巩固和加深理论知识,学会运用知识解决实际问题,培养学生实际操作能力和独立工作能力,它是高等学校理论联系实际的重要环节。

高等学校学生在现场的实习,分为教学实习和生产实习两种类型。教学实习主要是为了配合后续课理论知识的理解,并在实习中形成初步的技能和技巧;生产实习是在学生系统地学习了一定的专业知识之后,为综合地运用这些理论知识学习生产技术初步学会分析和解决一些生产技术问题的一种实践教学形式。如：师范院校的教育实习、医科院校的临床实习等。生产实习是以学生为主体独立进行的，学生要作为一名工作人员独立承担任务，因而在各种教学方法中，是学生学习独立性最强的一种方法。

在实习过程中，教师一方面要敢于放手，使实习生真正进入角色；另一方面要正确对待实习生在实习期间工作上的失误，帮助他们总结失误的教训，提出改正方法，并要鼓励实习生的创造精神，使实习生在实习期间充分发挥创造才能。

3. 自学指导法

自学指导法是指在教师的指导下，学生自学教材和参考资料以及进行实验并通过思考和研究而获得知识、掌握技能的一种教学方法。

从教学内容看，自学指导法主要适合于学习专业课程教学中的专门问题。从教学对象看，自学指导法更适合于具有强烈学习动机和学习兴趣的学生。从教师素质看，教师应能够支持、鼓励并有效地指导学生的独立学习。从教学形式看，自学指导法一般不受场地的限制，但要有比较丰富的学习资料和灵活多样的学习方式。

教师对学生自学的组织与指导，主要通过以下方式进行：

第一，自学成才计划的指导。学生的自学活动，是在教学计划总的安排中的个人学习活动。所以，制订自学计划必须考虑教学计划中各门课程的特点和进度。要根据课程表上各门课程的内容多少、难易程度、进度快慢，结合自己的能力，合理安排时间。一般来说，理论课程的上课与自学成才的比例为 1∶2；但难度大、作业多的课程往往要超过这个比例。作业少的课程也可低于这个比例。要具体问题具体分析，做到既有计划，又有一定的灵活性。

第二，布置与检查课外作业，通过作业来组织、指导与检查学生的自学成才。布置课外作业要同课堂教学内容紧密结合，以便巩固和加深学生在课堂上所获得的理论知识。检查学生作业，不仅要检查其结果是否正确，还要注意其方法是否符合要求。

第三，阅读内容和方法的指导。大学生涉及的知识面比较广，因此，教师要鼓励与指导大学生多读书，并且学会读书，培养良好的阅读习惯。

第四，复习方法的指导。高等学校的教学内容涉及学科领域较多，大学生要真正地掌握教师讲授的内容，必须强化复习环节。根据时间间隔和涉及的范围，进行经常性复习、阶段性复习或总结性复习。

第五，辅导。教师对学生的辅导主要包括：回答学生所提出的疑难问题，通过批改作业或其他渠道，了解学生在知识内容或学习方法上存在的问题，有针对性地进行集体或个别的辅导；配合教学进度，有计划地在一定时期做有关教学内容或学习方法、研究方法的辅导报告。

4. 科研训练法

高等学校所培养的专门人才，不仅要求掌握一定学科领域的基础和专业的理论知识和技能，而且要求能在本专业范围内承担科学技术发展所提出的任务，创造性地解决理论和实践的新问题。因此，高等学校除了平时应加强对学生的科研训练外，专业教学计划中还要安排学年论文（课程设计）、毕业论文（毕业设计）等教学形式。

（1）经常性的科研活动

经常性的科研活动与科研基础训练可通过课内与课外两种途径进行。

首先，在教学过程中，应结合教学任务对学生经常进行科学基础训练。如：通过独立作业、课堂讨论、实验、社会调查、实习等教学环节，对学生加强查阅与整理文献资料、使用工具书、实验操作与设计、调查研究、专业论文或报告的写作等基本功的训练，使学生逐步熟悉和掌握从事学习和研究所需的一些基本的科学方法，并提高运用理论解决实际问题的能力。

其次，在课外应注意采取多种方式吸引学生参加科研活动。一是听取校内外专家的学术报告；二是参加校内或校际的学术讨论活动；三是参加学生社团组织的各种学术研究活动；四是吸收学生参加学校的某些研究工作，如：在科研课题组中当教师或科研人员的助手，承担力所能及的科研任务。

（2）学年论文（课程设计）

学年论文（课程设计）是在教师指导下，学生运用一门或几门课程的知识来解决一些不太复杂，却具有一定综合性的问题。学年论文（课程设计）的基本要求是：第一，能独立地运用理论知识和实际材料来解决问题；第二，对参考书、文献所提供的论点和所收集的材料有周密的组织能力；第三，能用通顺的文字或准确的图表系统地表达研究的成果。

由于学年论文（课程设计）是介于平时科研训练与毕业论文（毕业设计）之间的中间环节，还具有习作性质，所以课题不宜太难，也不宜太易。课题太难，会影响学生的信心，或导致负担太重，影响其他课程的学习；课题太易，达不到科研训练的目的。教师应根据学生的专长、能力、兴趣，指导学生选定自己的课题，并在学生写作的过程中，随时加以指导。当然，教师的指导主要应放在研究方法上，不要过多地为学生解决具体问题，更不应代做学生应做的工作。

（3）毕业论文（毕业设计）

毕业论文（毕业设计）是带有总结性的集中的科研训练，是在系统掌握专业知识与技术及平时科研训练的基础上，按照规范化的研究程序与方法所进行的科研活动，它既是一种水平较高的研究性学习，又是学生正式进入研究领域的标志，是为学生未来工作所进行的直接的科研准备。

毕业论文（毕业设计）的要求应当比学年论文（课程设计）更高。它的基本要求是：第一，能综合运用所学知识与技术解决较为复杂的问题，即不论是理论问题还是实际问题，都应具有一定的广度和深度，同平时作业或学年论文应有明显的区别；第二，按照规范化的科研程序及课程所需的科研方法进行课题研究；第三，问题的解决要有自己独立的见解与一定的创造性。

根据毕业论文（毕业设计）的基本要求，其选题应考虑下列因素：一是要符合专业培养目标的要求，有利于巩固和加深所学的专业知识和技术，因此，课题涉及的知识领域应有一定的覆盖面和综合性。二是要尽可能结合社会实践所提出的理论问题和现实问题，以有利于理论与实际的结合，使学生在面向实际的"真枪实弹"中受到锻炼，并使其研究的成果产生实际价值。三是要考虑实际的可能，包括学生的研究能力和研究时间，可能提供的资料、仪器设备、研究经费以及必要的社会条件等，因此，课题不宜太大，应是条件允许、力所能及的。

第二节 高等学校教学评价

一、教学评价概述

（一）教学评价的内涵

教学评价是以教学目标为依据，运用可操作的科学手段，通过系统地收集有关教学的信息，对教学活动的过程和结果做出价值上的判断，并为被评价者的自我完善和有关部门的科学决策提供依据的过程。它与教学测量不同，教学测量是一种判断事实的活动，它用定性或定量的方法如实地描述学生在德、智、体、美、劳诸方面的发展水平。

（二）高等学校教学评价的作用

高等学校教学评价是诊断学校教学工作、深化教学改革、促进教学建设和提高教学质量的重要方式。从学校教育教学的实际情况看，教学评价具有以下作用：

1. 导向作用

教学评价是根据一定的价值标准进行的价值判断活动。在评价活动中，评价者常以国家和社会的价值和需要为准绳，设计一套评价指标和评价标准。被评者为追求好的评价结果和达到其他目的，就会致力于满足评级标准的要求。因而，评价指标和评价标准就像"指挥棒"一样，为被评者指明努力的方向。

2. 区分优良和分等鉴定作用

通过教学评价尤其是学校内部各种教学工作的评价，可以区别、鉴定学校的某些方面或各方面水平的优良程度，确定其有无价值和价值的大小，衡量其是否达到了应有的标准，是否能实现国家和社会赋予它们的目的和任务，为它们评定相应的等级，便于学校了解现状，发现问题，为学校管理工作的科学化、民主化、制度化、规范化服务。

3. 激励和改进作用

评价通常要分出水平高低、评定等级。由于评价结论往往直接影响评价对象的形象、荣誉和利益等，评价常能激发被评者的成就动机，使他们追求好的评价结果，激励他们全力以赴做好有关的各项工作，创造更大的教育成就。

如果评价和其他一些管理措施结合起来，如：在评价结论的基础上进行表扬、奖励、资助、批评、处罚等，评价的激励作用就能得到更好的发挥。如果能在肯定成绩和优点的同时，诚恳地、富有建设性地指出存在的缺点和问题，则更会激励被评者进一步改进和完善有关的工作。

（三）高等学校教学评价的类型

按教学评价的不同目的、作用及时间来分，教学评价主要有诊断性评价、形成性评价和终结性评价三种类型。

1. 诊断性评价

诊断性评价又称准备性评价，是在教学活动开始之前进行的评价，是对教学活动的准备。它主要是对教学背景及学生的各方面情况做出评价，并据此进行教学设计。

教学背景主要是指实际的教学环境及理论基础，包括：教学所面临的问题以及相应而且确定的教学基本要求；学生前一阶段教育中知识的储备总和；学生的性格特征、学习风格、能力倾向及对本学科的态度；学生对学校学习生活的态度、身体状况及家庭教育的情况；等等。

诊断性评价的目的是设计一种可以排除障碍的教学方案，识别那些高出或低于"零点"的学生，以便把他们分置在最有益的教学序列中。

2. 形成性评价

形成性评价又称过程评价，是在教学过程中进行的评价，是为引导教学过程正确地进行而对学生学习结果和教师教学效果采取的评价。形成性评价的主要目的不是选拔少数优秀学生，而是发现每个学生的潜质，强化改进学生的学习，并为教师提供反馈。

3. 终结性评价

终结性评价又称结果评价，是在某一相对完整的教学阶段结束后对整个教学目标实现的程度做出结论的评价。它与分等鉴定并做出关于对象的决策或资源的分配决策等相联系。

二、教师教学活动评价

教师教学活动的评价是教师工作评价的一个重要方面。

（一）教师教学评价的主要内容

评价一堂课中教师的教学行为主要涉及认知、情感、技能与习惯三个方面。认知方面主要评定教师在教学中表现出来的认知品质，如：对基础知识的落实，对程序性知识的关注，对学生运用知识形成能力的重视等。情感方面主要评定教师在教学中表现出来的真诚、热情、民主的程度，对师生间的情感交流的重视，对情感态度的培养以及课堂气氛的民主化，创设教学情景的度等。技能与习惯方面主要评定教师在教学中表现出来的专业技能与行为习惯，如：教学基本功方面、对教学技术的掌握等。

教师课堂教学行为的评定采用定性评定和定量评定相结合的形式。定性评定的表述包括：①总体印象：综合课堂教学的各方面因素，评定等级为优、良、一般、差四个等级。②评定陈述：用描述性语言将总体印象具体化。定量评定的表述采用"五纬度""十五项目""四等第"表述法。评定者对课堂教学评定做出等第选择，由计算机按一定程序和权重得出量化总分。

（二）教师教学评价的主要途径

教师教学的评价途径很多，在我国，目前主要有领导评价、同行评价、学生评价、自我评价和学生成绩分析五种途径。

1. 领导评价

教师所在学校、系、组（室）的领导有责任对教师做出公正的评价，特别是有教学经验的领导，更有能力对教师工作做出恰当评价。它主要是通过领导多接触教师、多听课、检查学生作业和教师的教案、召开师生座谈会等形式来了解教师的教学质量，进而做出评价，加强和改善管理。

2. 同行评价

同行包括本校的教师、校外的教师、专家等。他们对教师的专业知识和能力水平、教师教育教学指导思想的合理性、教学方法与教育教学目标的适合性、教育科研水平等方面，常能做出恰当的评价，有利于教师之间的相互学习、相互交流，提高教师的整体水平。同行评价要求评价者必须对被评教师的有关情况有所了解，否则，所做的评价不可靠。

3. 学生评价

学生是教师产生的各种教育影响的直接体验者，他们应该是最有发言权的。通过学生对教师的教学评价，可以反映出教师在学生中的威信、受欢迎程度以及师生人际关系，尤其可以反映出教师的教学方法、教学艺术是否符合学生的要求。

通过学生来系统地评价教师的教育教学，关键是要研究和设计出适当的方法、工具。选择和设计方法、工具时，必须考虑和研究有关问题，如：确定哪些方面或项目最适合于学生评价，哪些项目学生评价能提供有价值的参考信息；设计多少个评价项目和问题既能获得可靠的总结结果，又能诊断出一些问题，为教师提供更为具体、更有价值的反馈信息；让学生评价时如何调整和控制他们的心理状态；等等。

4. 自我评价

教师对照标准，对自身教学活动进行评价，既是教师工作总评的重要依据，也可实现帮助教师改进工作的评价目的。学生评价、同行评价、课堂记录或录像带都能向教师提供自我评价和自我改进的依据。

5. 学生成绩分析

学生学完规定的教学内容之后，获得的知识和能力是评价教学是否实现规定的教学目标的重要标准。如果某教师所教学生的成绩经常低于或高于全年级同类学生的统考平均成绩时，就有理由做出某些关于教学能力高低的评价。同时，根据学生成绩的分布状态，可对教师的教学重点及其价值做出评判。

第三节 大学生学业成绩考核

学业成绩考核是对学生达到教学目标要求的程度，即对其知识和能力掌握程度的评定，是教学工作的重要组成部分。

一、学业成绩考核的作用与原则

（一）学业成绩考核的作用

学生学业成绩考核，是督促学生学习、评定学生学业成绩、检查教学效果、研究改进教学工作的重要手段。学业成绩考核重点在于检查达到教学目标要求的程度，它较多地用于任课教师对学生的考查及教学管理部门对各班级的教学检查与比较。它具有以下几个方面的作用：

1. 反馈作用

教师通过对学生的考核，可以了解学生对知识和技能的掌握情况，以便为教师改进教学、深化教学改革，特别是对教学内容、方法及手段的改革提供科学可靠的信息。学生借助考核可以发现自身学业上的优缺点及存在的问题，以便及时调整学习策略，获得更好的发展。

2. 促进作用

通过考核可促使学生对知识进行梳理、串联、归纳、小结，使掌握的知识系统化、条理化，从而巩固和加深理解所学知识，提高学习的质量。另外，对考核好的学生给予肯定和表扬，使学生产生愉悦感，从而激发学生的学习动机，推动学习；对考核较差的学生则能产生一定的警示和鞭策作用。

3. 检查作用

学生学业成绩的考核是学校领导、教学管理部门了解教与学情况的途径之一。考核的结果，可以为学校领导和教学行政部门提供分析教学质量与学习质量、教与学存在问题的实际材料，作为指导教学、教育工作的依据之一。学业成绩的考核也为教育行政领导机构提供学校教育质量评估的材料，并为教育行政管理决策提供反馈信息。

4. 导向作用

学生成绩考核对学生的学习有导向性作用。通过考核内容和手段的改革以及科学的命题可以引导学生不断改进学习方法，拓宽学习内容和知识面，提高学习质量，使学生更加注重学习方法和效果，促进学习能力达到更高的水平。

5. 鉴定作用

一方面，通过考核对学生的学习方法、学习能力和学习效果做出鉴定，考核的结果成为确定学生升、留（降）级，退学以及奖励的重要依据；另一方面，学生的学习效果，在一定程度上反映了教师的教学效果。学生学业成绩考核的结果也从侧面反映了教师的教学水平，是鉴定教师教学水平的一个重要方面。

（二）学业成绩考核的原则

1. 科学性原则

科学性原则反映在多方面：学业成绩考核的方法适合课程的性质、目标和特点；学业成绩考核的内容范围广泛，能够综合地、全面地反映出学生对该课程的学习情况；课程考核有主有次，考核内容能体现出该门课程的主要能力要求。

2. 激励性原则

激励性原则就是在每一次考核过程中都要为学生制定切实可行的考核标准，通过难易程度适当的标准，使学生不断地去争取、去努力，以此达到调动学生学习积极性的目的。在制定考核标准时，要合理确定标准的尺度，既不能太高，也不能太低。标准太高或太低，都起不到激励学生学习积极性的作用。

3. 多样性原则

在对学生学业成绩考核过程中，要充分体现素质教育的价值取向，由过去单一的一张考卷作为考核学生唯一标准的学业考核，变为全面的、综合标准的考核。在考核工作中，既要重视结果的考核，又要加强过程的考核；既重视期末的试卷考核，也要考虑平时的课堂讨论、作业、笔记等，把对学生学业成绩的考核工作贯穿整个教学过程的始终。

4. 导向性原则

导向性原则就是发挥学业成绩考核的指挥棒的作用，通过设置考核标准，一方面引导学校的教学工作始终朝着素质教育的方向发展，另一方面引导学生的学习朝着能力提高的方向发展。学校应制订科学的学生学业成绩考核方案，确定考核项目、考核标准、考核方法等，做到全面、公平、准确，从而发挥考核的导向作用。

5. 客观性原则

对学生进行的学业成绩考核必须是客观的、民主的、实事求是的，不能以点概面、以偏概全。在对学生的学业进行成绩考核时，要结合学生的平时表现，对学生的评价要充分发扬民主，既有教师考核，也要有学生之间互相考核以及学生自我考核，从而客观真实地反映出学生的学业成绩。这样也才能客观反映出学校教学工作和教师教学的水平。

二、学业成绩考核的方式方法

大学生学业成绩考核的方式总体上分为考试和考查两种。

（一）考试

考试一般指通过书面、口头提问或实际操作等方式，考查参试者所掌握的知识和技能的活动。考试科目一般是公共必修课和本专业开设的主干课程，包括必修课和选修课。考试可采用闭卷考试、开卷考试、口试、操作、课程设计（论文）等多种形式进行。

1. 笔试

笔试是学业成绩考核中被普遍采用的一种考核方法，既可以考核学生对专业理论知识的掌握程度，又可以考核学生的各方面能力。但在实践中，笔试往往被用于对专业理论知识的考核，而对能力的考核则常被忽视或者应用得不尽理想。

笔试有开卷考试和闭卷考试两种方式。采用哪种方式首先要考虑课程性质和教材内容的要求。开卷考试和闭卷考试各有长处和短处。闭卷考试能督促学生对所学教材认真地进行复习，能比较准确地检查学生对知识的巩固和掌握程度。但对学生运用知识的灵活性与综合能力较难检查。开卷考试因题目比较灵活、难度较大，可检查学生对知识的理解程度和运用知识的能力。不论何种笔试形式，都要由若干种不同类型的试题组成。在编制试卷时，必须根据不同专业、不同的考核要求恰当地选择若干题型，并加以合理地搭配，使笔试更能发挥其考核作用。

2. 口试

口试是一种教师和学生面对面进行问答、对学生进行学业检查的方式。进行口试时，学生通过抽签就教师事先拟定的考试题目，在短时间的准备之后，口头回答。口试不受文字限制，学生在教师提出问题的范围内，能够广泛运用已学过的知识自由抒发见解，教师可以比较准确而深入地检查学生掌握知识的广度、深度以及运用知识的能力水平。口试过程中，如果教师认为学生的回答不足以判明其所掌握知识的性质和运用知识能力的水平，可以补充提问。

口试既能督促学生全面系统地复习教材，也能比较全面地检查教学的效果。口试还有助于培养学生思维的敏捷性、灵活性，并可训练学生口头表达能力。但是，口试也有不足的地方。一是学生准备回答问题的时间短，而且精神较紧张，难于深思熟虑，也就难于准确反映学生的真实水平；二是考试时间长，易造成教师精神疲惫，注意力涣散；三是口试的评分标准不易控制，影响评分的准确性；四是教师要准备很多题目，还必须熟练地掌握答案，考试工作量大。

3. 实践操作

操作考核方法能考核被试人的技能水平、操作熟练程度，也能考核被试人在专业方面的思路、创造性等。运用得好，是一种极其有效的能力考核方法。操作考核因专业不同，形式多样，运用中也有差异，如：实验操作、方案设计等。

实验操作主要运用于理工类考核中，通过让学生完成一个实验，来考核学生的操作技能水平和专业知识水平，可以完成一个实验的全过程，也可以是完成一个复杂实验的某几个环节。

方案设计是通过让学生完成一个设计方案来考核其专业能力、职业基本功，以及设计中体现出的创造才能等。例如，设计一个营销活动方案，设计一个调查问卷等。运用设计方法考核时，如果一项设计用时太多，可以提出一个设计框架，有时也可以让学生事先提交一个设计样本作为参考。

（二）考查

考查是对学生所学知识和技能进行经常性考核的方式，主要通过课堂提问、作业、论文、平时测验及学生学习态度等评定学生的学习成绩。一般做法是教师将学生平时的课堂或课外作业、实验或实习报告、社会实践或调查报告、讨论课发言提纲以及平时书面测验的成绩等记录下来，到学期结束时，认为学生通过上述有关作业可以达到学习这门课程的合格标准，便评为考查合格，认为达不到合格标准就评为不合格。

考查的课程一般有如下几种：一是理论课程的实习、实验；二是全学年课程，往往在第一学期结束时仅进行考查，在学年结束时才进行考试；三是技术性课程的技能考查；四是实习与论文的考查；五是辅助性或较为高深的选修课程，或仅要学生一般理解的课程。

对学业成绩的考核，有的课程采用考查，是由于课程的性质；有的课程采用考查，则是为避免考试科目过多，学生负担过重，影响重要课程的复习。考查弊端不少，一是学生普遍不重视考查课程，花的时间很少，影响这类课程的学习效果；二是考查评定的成绩只分合格和不合格，过于笼统，不能看出学生掌握知识与技能形成的程度。

三、学业成绩的评定和处理

（一）学业成绩的评定

学业成绩的评定就是对学生成绩检查的结果给予正确的评语或评分。

1. 学业成绩评定的基本要求

对学业成绩的评定，应力求做到客观、公正，严格统一地按照评分标准进行，不得有所偏颇。为防止凭印象评定，能真实反映学生的学业成绩，考试要有统一的评分标准。教师可以根据下述几个方面的要求来拟定统一的评分标准：学生对教学大纲所规定的知识范围掌握的情况；对所学知识的理解程度；对有关知识、技能熟练程度；运用知识分析问题、解决问题的能力，在解决问题中的创造性能力；运用课外参考资料情况及运用课外知识的能力水平；表达所掌握知识的书面（或口头）能力；答案中错误的数量与性质等。以上几点，应以知识的广度、深度和运用知识的能力作为评定成绩的主要依据。特别关注答案的创造性，解决问题的灵活性、机敏性。答案中的失误，应根据错误的性质来评定。

学业成绩的评定不应以一次考试为定论，应该将学习结果与学习过程结合起来。课程考核的总成绩，一般以期末考试成绩为主，同时包括平时成绩，如：平时记分的测验、作业、实验、上课出勤、期中考试等。可根据课程特点确定期终成绩和平时成绩的比重。

2. 学业成绩评定的方法

学业成绩评定的方法有百分制、等级制和五级记分法等。百分制就是指满分为100分的考试，90分以上为优秀，80分以上为良好，70分以上为中等，60分以上算及格，60分以下算不及格。等级制是把学业成绩分为优、良、中、可、劣五等（劣为不及格），或甲、乙、丙、丁四等（丁为不及格），或及格、不及格两等的记分法。五级记分法，也是等级记分法的一种，是用数字5、4、3、2、1分别表示学业成绩由高到低的等级。

考试课成绩一般采用百分记分制，依据期末成绩和平时成绩评定，期末成绩占70%~80%，平时成绩占20%~30%，期末考试多采用闭卷笔试方式。考查课成绩一般采用五级记分制，主要依据各种平时考查成绩和阶段性考试成绩综合评定。实习成绩一般采用五级记分制，个别采用百分记分制或两级记分制。实习成绩考核方式采用日常观察考核、笔试、口试、报告、现场操作等多种方式。课程设计和毕业设计考核成绩一般由设计成果（设计说明书及图纸样品、装置、论文、调查报告等）和答辩成绩组成，其中，设计成果成绩占总成绩的70%左右、答辩成绩占30%左右。工科专业毕业设计多采用设计形式，其他类专业多采用论文形式。职业技能考核成绩采用两级记分制或百分记分制。考试主要采用笔试与操作考试相结合的综合考核方法进行。综合素质考核是根据学生品行、学习成绩以及在各项活动中的表现对学生做出定性的综合评价，分出差别，作为奖学金评定等级的依据。学业成绩主要由学生管理部门和辅导员评价，一般每学年评价一次。

百分制与等级制孰优孰劣，实在是一个"剪不断，理还乱"的问题。等级制也好，百分制也好，都只是对学生学习状况的一种描述方式，它并不能取代学习本身。在国外，有的国家实行等级制，也有的国家实行百分制。实际上，不管是等级制、五分制还是百分制，在本质上都是一致的，即都是把学生成绩划分为不同的等级，只是采用了不同的描述方式。分数和等级都是有序的符号，等级是粗略的分数，分数是细分的等级。

（二）学业成绩的分析

为探讨学生学业成绩状况，分析学生学业的优缺点，探讨教师教学的效果和存在的问题，提出改革教学的方向和措施，有必要对学业成绩进行相关的统计处理。具体包括以下几个方面：

1. 特征量数分析

特征量数分析的指标包括：最高分、最低分、平均分、中位数、众数、全距、标准差、差异系数等。通过上述指标的分析可以了解学生掌握知识的最好水平、最差水平、平均水平、中等水平、多数水平，以及学生间的差异水平等，从而可以比较客观地知道学生对所考内容的掌握程度。

2. 分数分布分析

分数分布分析可以通过编频数分布表、绘统计图、计算偏态量和峰态量来分析学生学业成绩的分布状态。如果考试命题和评分标准都是根据教学要求制定的，那么正常情况下，考试分数分布应呈正态分布。如果分布曲线呈负偏态，反映出高分人数较多，说明试卷总体难度偏易或者学生掌握知识较好；如果分布曲线呈正偏态，反映出低分人数较多，说明了试卷总体难度偏难或者学生掌握知识不理想。

3. 试题分析

对试卷中每一道题得分、失分情况进行比较，可采用计算每一道题的高分率（有的称为满分率，指的是该题得分高于90%的人数的百分比）、不及格率（指的是该题得分低于60%的人数的百分比）和零分率（指的是该题全错的人数的百分比）。将上述的数据列表比较，从而分析学生对于每道试题掌握的情况和存在的问题。

4. 信度、效度、难度、区分度分析

信度指的是考试结果的稳定性和可靠性程度，即考试结果是否真实、客观地反映了学生的实际水平。信度是用来衡量学生成绩与其真实水平吻合程度的指标。试卷信度越高，说明可靠性和稳定性越好。信度通常有重测信度、复本信度、内部一致性信度。

效度是指考试的有效性程度，也就是考试所测到的结果与测试预期目标的要求相符合的程度。分析效度一般是用考试成绩与能体现考试目的的效标分数之间的相关系数来表示。所谓效标，指的是根据不同考试目的确定的能代表考试目的的效度标准，反映效度标准的分数，称为效标分数。国外的标准化考试效度值一般在0.40~0.70之间，我国的考试要求效度在0.40以上。

难度是指考试试题对学生实际水平的适合程度。一般用一次考试中答对或通过某道试题的学生数在其总体中所占的比例来衡量。对主观性试题则用学生在该题上的平均得分除以该题满分来计算。难度系数越大，试题越容易；难度系数越小，试题越难。难度控制在0.35~0.75间较为合适，究竟以多大为宜要考虑测验的目的。

区分度是试题（或试题中的某小题）区分出学生能力水平差异的程度。区分度是试卷编制过程中筛选测题的主要依据。区分度差的题目，正式命题时应放弃类似题目。但对于一般的目标参照性测验，对区分度没有太高的要求。

（三）学业成绩考核结果的处理

学生的学业成绩是学籍处理的依据。学校应按照国家有关条例的规定和实际情况，进行成绩评定后的处理。实行学年制的，学生每学年按教学计划学完规定的课程，考试及格，可升入高一年级学习。实行学分制的，按课程考试及格，可以获得该门课程的学分。学分累积达到应修学分总数的最低限，可以编入高一年级学习。

思想品德优秀、学习成绩优异、身体健康的学生，可以获得优秀生或三好生的光荣称号。品学兼优的学生，达到奖学金评定条例要求者，应授予奖学金，以资鼓励。学习成绩特别优异的学生，本人申请跳级，可按跳越年级的教学计划规定的课程进行考试，主要课程达到"良好"以上水平者，可允许跳级。提前修完教学计划规定的课程，成绩达到要求者，可允许提前毕业。

学生考查、考试不及格者，允许补考。经补考后仍不及（合）格的课程门数每年累计，作为升、留级和学生退学的依据。每学期不及格的课程，只可补考一次。补考课程的试题难易度、评分标准应与原来考试要求一致，但不得以原来考试的试题作为补考的题目。留级、退学、不能毕业与不能授予学位，无论对于国家和个人都是一种损失。所以，教师必须重视对学生平时的考核，发现学习上或教学上存在的缺点和问题，应及时加以解决，帮助学生完成学习任务，提高学习质量。

第四节 现代教育技术

一、教育技术的定义

教育技术就是分析问题，并对解决问题的方法进行设计、实施、评价和管理的一个综合完整的过程，它涉及人员、程序、思想、设备和组织等各个方面，与人的学习的所有方面都有关系。

教育技术的领域包括以下四个方面：

（一）学习者

学习者及其需要是教育技术关注的中心。教育技术要分析研究学习者的特点，诸如作业水平、能力、知识基础、年龄特征等，在此基础上，才有可能做出选择目标、确定步调、确定评价性质等教育决策。

（二）学习资源

教育技术把用以促进人们学习的资料、人、物（设备或设施）称为学习资源。教育技术就是依靠开发和使用学习资源来提高人的学习质量。

（三）教育开发职能

教育技术强调对所有学习资源进行系统鉴别、开发、组织和使用，从而达到促进人的学习的目的。

（四）教育管理职能

管理的中心是指导和协调一个系统的各项活动，以保证实现特定的目标。组织鼓励指对整个系统的活动进行全面的调节、指导和控制，人员鼓励则侧重对系统中各类人员的工作协调和监督。

二、教育技术在高校教学中的作用

（一）对教育决策的影响

作为系统方法的教育技术应用于教育领域，对较高层次的教学决策产生影响，主要表现在：教育内容的确定是由专家负责的，因而课程的标准化在不断提高；教学的设计、制作和评价将由专家担任，教育工作的效率相应增大；教师的作用也发生很大的变化，以学习指导者和学习评定者的身份进入教学过程。

（二）对教学模式的影响

教育技术对传统的由目标、教学内容与方法的决策，以及以教师、媒体、学生等组成的不同的教学模式加以系统综合结合，形成新的综合型的教学模式。

（三）对高等教育、高校教学发展的影响

1. 有利于提高教学的质量、效率

教育技术把整个教育、教学过程看成一个统一的整体，课程的标准化与学习资源的不断开发，使教学不再是学生、媒体和教师的简单相加，从而不断推动着高校教学质量、效益的提高。

2. 有利于扩大教育规模

现代教育技术的形成和不断发展为教育终身化提供了可能，现代远程教育的不断发展，则使教育活动以前所未有的速度和幅度在人类社会生活中迅速扩展。

3. 能适应学生的个别差异，有利于因材施教

教育技术为进行个别教学、实施因材施教提供了很好的途径，它可以为学习者提供多种多样的学习内容和方式，学习者可以根据自己的需要、自身能力和条件进行自由选择。

三、教学媒体及其应用

教学媒体是实现教育技术和完成教学设计不可或缺的重要组成部分。

（一）传统教学媒体的分类和应用原则

对传统教学媒体，一般按照其物理原理做如下分类：光学媒体、音响媒体、声像媒体、综合媒体。

在我国高等学校教学中应用最为普遍的是幻灯机、投影机、录音机、电视机、教育电视系统、语言实验室等教学媒体。

运用教学媒体必须遵循以下原则：

1. 目的性原则

教学中运用现代教学媒体必须有明确的目的，即为什么要选用那些教学媒体，要达到什么样的教学目标。选择教学媒体时必须考虑其教学功能是否符合教学的需要，是否有助于更好地实现教学目的。

2. 媒体选择与组合的最优化原则

在现有条件下通过选择和运用教学媒体，以使教学达到最佳效果。首先要考虑教学需要与媒体的功能及特点，在此基础上恰当地选择教学媒体；其次要选用能获得更好效果而又使用方便、价格较低的媒体。

（二）计算机在高校教学中的应用

1. 计算机辅助教学与智能教学系统

计算机辅助教学就是将计算机用作媒体，为学生提供一个良好的学习环境。学生通过与计算机交互作用，既可以用来呈现教学信息，又可以用来收集学生的反应信息，并对学生的反应信息进行诊断和评价，根据诊断的结果及时反馈信息，对学生进行指导。

智能教学系统是在计算机辅助教学的基础上形成的新的综合教育技术。它是以学生为中心，以计算机为媒介，利用计算机模拟教学专家的思维过程，形成的开发式人机交互系统。其最大的特点是具有一定的智能性，学生时刻处在控制和操纵系统的状态，可以主动地向系统索取知识，更能发挥学生的学习积极性，并克服了课堂教学和计算机辅助教学中学生只能被动接受固定教学模式的弊端。

2. 多媒体技术与多媒体教学法

多媒体技术是以计算机技术为基础，并逐渐与通信技术、大众传播技术等融为一体，具有交互处理、传输和管理文本、图像、动画和声音等信息功能的一种技术组合。多媒体在教学中的应用，改变了传统的知识储存、传播和提取方式，具有丰富的表现力，交互性强，共享性好，知识组织形式更佳，利于知识同化。

多媒体教学法就是以多媒体技术为基础，在教学过程中，根据教学目标和教学对象的特点，通过教学设计以多种媒体信息作用于学生，形成合理的教学过程结构，使学生在最佳的学习条件下学习。由于多种媒体的交互作用，形成了声、光、形、色、动等直接对学生的视觉和听觉器官共同作用的情境，能引起学生的兴趣，发挥学生的主体作用，提高教学效率，减轻学生负担，使学生对知识要点掌握得比较深刻，有利于获得最佳教学效果。

四、计算机网络与网络教育、网络大学（学院）

（一）计算机网络

计算机网络的本质是进行信息处理和信息传递的通信线路，即通过以计算机技术为基础的网络，可以进行大量信息内容的加工、整理、制作和远程传输；网络也是各种计算机硬件与软件的生产配备、编制组装与连接，是各种协议的订制、应用与遵循。

网络在承载大量信息内容的同时，构建了一个与客观物质世界不同的虚拟世界，能够实现信息的共享和超越时空传递，使处于地球任何一个角落的人在同一时刻通过网络进行面对面的交流，或在不同时空下共同完成工作任务。

（二）网络教育

运用网络进行教学，已成为当代世界教育的一个主要趋势。网络教育一般包括以下几种：

第一，以有关网络的知识与技能为课程内容进行的网络教育和培训。

第二，利用网络技术和手段，改变传统的教育教学方式、学习时间方式，形成一种传播速度更快和传播空间更大的新型教育形式。

第三，网络引起了教育观念、教育思想、教育方式、教育手段、教育过程、教育模式等教育内部要素的变革和发展。

（三）网络大学（学院）

网络大学具有远程开放教育与虚拟学校的特征，指通过网络信息技术手段，实现一系列高等教育功能的一种高等教育形式。

目前的网络大学仍然需要有一种基本的大学形式，包括从招生、学籍管理、教育教学、考核评价、颁发学位等一系列完整的过程，具有学历教育的特征。

同时，网络大学也是现代远程教育的一种表现形式，它利用现代远程教育的手段实现高等教育的目的。随着现代信息技术的发展，特别是因特网的迅猛发展，远程教育成为高新技术条件下，以计算机网络技术为核心，融面授与函授以及自学等教学形式于一体，多种媒体优化组合的教育形式。

第五章 大学生知识、技能的学习及其相应的教学指导

第一节 学习心理概述

学习是人类认识世界，获得生产、生活经验的有目的的活动，也是人自身可持续发展的源泉和动力。当代社会的知识更新速度越来越快，其老化周期也越来越短，学习不再是一次性的和终结性的。"学会"只能成为传统意义上的"工匠"，而"会学"才有可能成为"专家"。这就要求大学生能通过学习，持续获取知识信息，形成专业技能和发展综合能力。大学生应该是一个在学习化时代具有终身学习素质和可持续发展素质的学习者，必须通过持续的学习和探究历程来提升专业水准与专业表现，并在整个生命历程不断更新和改进自己的知识储备。

一、学习的内涵

（一）学习的概念

一般而言，学习是指人和动物在生活过程中，凭借经验而产生的行为或行为潜能的相对持久的变化。在理解学习这个概念时，应注意把握以下几点：

1. 学习者必须产生某种行为或行为潜能的变化

学习者自身的变化是学习是否发生的依据，只有当学习者在行为或行为潜能方面产生变化，学习才发生了。如，个体从不会骑自行车到会骑自行车，这就是学习。但学会骑车以后，再以自行车作为交通工具的骑车行为就不是学习，只是已习得的骑车技能的运用，个体在这时并未再产生新的行为或行为潜能的变化。学习使得学习者产生的变化不一定都是外显的或不总是外显的，有时会作为一种行为倾向或潜能而潜藏起来。例如，某大学生通过学习，掌握了机械制图的知识与技能，已习得了制图的能力，但如果当前他并未实际制图，就可以说他的制图能力是潜在的。

2. 学习者行为或行为潜能的变化是相对持久的

许多原因都可能导致学习者的主体变化，但不少变化可能只是暂时的，一旦条件变化，主体可能就会恢复到先前状态。疲劳、疾病、饮酒、药物等都会导致主体发生某种变化，但这些变化都是暂时性的，当休息、病愈、酒精与药物作用消退之后，这种变化就可能消失，故不能称作学习。

3. 学习是由反复经验引起的

学习使学习者主体变化是后天习得的，是在学习者与环境的相互作用过程中产生的。学习者在生活过程中由于先天反应倾向，或者成熟与衰老等因素，也会产生行为的持久变化，但这些变化与练习和经验无关，不属于学习的范畴。如，青春期少年嗓音的变化是生理成熟的结果与经验无关，因此不能称之为学习。

（二）学习的类型

学习现象非常复杂，涉及不同的学习主体、学习内容和学习方式等，因此，存在不同类型的学习，并且各种学习的条件及过程各有差异。若用单一的模式来解释不同的学习类型，显然不够恰当。

1. 根据学习主体不同，学习可分为动物学习、人类学习和机器学习

动物学习限于消极适应环境变化，以满足其生理需要，主要以直接的方式获取个体经验，而且主要局限于第一信号系统，学习环节较为简单。人和动物的根本区别在于：动物只能对"信号"做出条件反射，而只有人才能够把这些"信号"改造成有意义的"符号"。人类学习与动物学习存在许多本质区别：①人的学习除了要获得个体的行为经验外，还要掌握人类世世代代积累起来的社会历史经验和科学文化知识；②人的学习是在改造客观世界的生活实践中，在与其他人的交往过程中，通过语言的中介作用而进行的；③人的学习是一种有目的的、自觉的、积极主动的过程。

机器学习主要指计算机学习，它是人工智能的一个活跃的研究领域。机器学习的过程就是计算机系统如何获得信息并利用信息来解决问题的过程。机器学习的研究涉及形成概念、图式识别和理解、语言理解、问题解决等方面。

2. 根据学习内容不同，学习可分为知识学习、技能学习和社会规范学习

知识是客观事物在人脑中的主观印象，它来自反映对象本身的认知经验。学生有了这种认知经验，就可以解决知与不知及知之深浅的问题，从而可以在实际的生活中更好地确立个体活动的方向。技能是通过学习而形成的符合法则要求的活动方式，它来自活动主体所做出的行动及其反馈的动作经验。这种经验既包括在人脑内部借助内部言语，以简缩的

方式，对事物的主观表征进行加工改造的心智技能；也包括借助人的肢体或一定的器械，以展开的方式作用于客观对象的动作技能。学生有了这种动作经验，就可以解决会不会做及做得熟练不熟练的问题，从而可以在实际的生活中更好地控制个体活动的执行。社会规范是用以调节人际交往、实现社会控制、维持社会秩序的思想工具，它来自主体和客体相互作用的交往经验。这种经验的习得以一定的价值观为中介，并通过态度的形成与改变而最终培养学生的品德。学生有了这种交往经验，就可以协调个体与他人及集体之间的关系，从而在实际生活中更好地为个体的社会行为进行定向和调控。

3. 根据学习方式不同，学习可分为发现学习和接受学习

美国心理学家奥苏贝尔（Ausubel）指出，发现学习是指人类个体经验的获得是来源于学习活动中主体对经验的直接发现或创造，并非由他人的传授而得。因发现学习中经验来自学习主体自身的创造，故这种学习又叫创造学习。发现学习的根本特点在于其所得经验是学习主体发现或创造的结果，并非来自别人的传授。接受学习是指人类个体经验的获得是来源于学习活动中主体对他人经验的接受，把别人发现的经验经过其掌握、占有或吸收，转化为自己的经验，故这种学习又叫掌握学习。接受学习区别于发现学习之处在于，主体所得经验来自经验传递系统中他人对此经验的传授，而非来自主体的发现与创造。

必须注意的是：相较其他学习方法，发现学习是一种不经济的方法，只能偶尔为之，而不能作为课堂教学中的一种占主导地位的方法来使用。

此外，奥苏贝尔还根据学习内容与学生已有知识之间的关系，将学习分为机械学习和有意义学习。现代西方教育心理学主要从学习的结果、学习的心理机制两个方面划分学习的类型。加涅（Gagne）根据学习条件的不同，将学习结果划分为五类：言语信息、智慧技能、认知策略、动作技能和态度。对应地，就有五类不同的学习。布卢姆（Bloom）将教育目标区分为认知、动作技能和情感三个领域，这种划分与加涅的分类在大类上基本一致，因为加涅所区分的言语信息、智慧技能、认知策略实际上是属于认知领域的结果。安德森（Anderson）等人则根据学习机制的不同，将学习分为陈述性知识学习和程序性知识学习两类。

二、学习的基本原理

学习是如何发生的？学习如何进行？学习有哪些规律？近百年来，教育心理学家围绕这些问题，从不同角度、运用不同方式进行了很多研究，试图回答这些问题，也由此形成了各种学习理论。

（一）学习的联结理论

联结理论认为，一切学习都是通过条件作用，在刺激（S）和反应（R）之间建立直接联结的过程。强化在"刺激—反应"联结的建立中起着重要作用。在"刺激—反应"联结中，个体学到的是习惯，而习惯是反复练习与强化的结果。习惯一旦形成，只要原来的或类似的刺激情境出现，习得的习惯反应就会自动出现。

1. 桑代克的联结主义学习理论

爱德华·李·桑代克（Edward Lee Thorndike）被誉为现代教育心理学的奠基人，是联结主义学习理论的创始人。他把人和动物的心理过程，特别是学习过程，定义为刺激与反应之间的联结，认为知识和技能是通过"尝试—错误—再尝试"这样一个反复过程习得的。他的这一理论观点是在动物实验的基础上建立起来的。

（1）准备律

在学习者进行某种学习活动之前，如果他对刺激与反应之间的联结在事前有一种准备状态，实现则感到满意，否则会感到烦恼；反之，当此联结不准备实现时，实现则感到烦恼。在学习过程中，教师要注意尽可能不打无准备之仗。

（2）练习律

对于学习者已形成的某种联结，在实践中正确地重复这种反应会有效地增强这种联结。就专业技能训练而言，大学生在技能练习中进行重复是很有必要的。另外，桑代克也非常重视练习中的反馈，他认为简单机械的重复不会推动学习的进步，告诉学习者练习正确或错误的信息有利于学习者在学习中不断纠正自己的学习内容。

（3）效果律

效果律是最重要的学习定律。学习者在学习过程中所得到的满意或烦恼的结果会加强或减弱学习者在头脑中已经形成的某种联结。桑代克还发现，赏和罚的效果并不相等，赏较之罚更加有力，即更能促成联结的增强。桑代克认为学习者学习某种知识以后，即在一定的结果和反应之间建立了联结，如果学习者遇到一种使他心情愉悦的刺激或事件，那么这种联结会增强，反之则会减弱。他指出，教师尽量使学生获得满意的学习结果显得尤为重要。

2. 巴甫洛夫的经典条件反射理论

俄国著名生理学家巴甫洛夫通过用狗作为实验对象，将铃声（条件刺激物）与食物（无条件刺激物）多次结合，原先是由食物引起狗的唾液分泌（无条件反射），后来单独出现铃声也引起类似的唾液分泌反应（条件反射）。这就是说铃声与食物之间形成了巩固的联系时，学习出现了。

在此基础上，他提出了广为人知的条件反射，主要原理有以下两个方面：

（1）保持与消退

巴甫洛夫发现，在动物建立条件反射后继续让铃声与无条件刺激（食物）同时呈现，狗的条件反射行为（唾液分泌）会持续地保持下去。但当多次伴随条件刺激物（铃声）的出现而没有相应的食物时，则狗的唾液分泌量会随着实验次数的增加而自行减少，这便是反应的消退。在教学过程中，有时教师及时地表扬会促使学生暂时形成某一良好的行为，但如果过了一段时间，当学生在日常生活中表现出良好的行为习惯而没有再得到教师的表扬，这一行为很有可能会随着时间的推移而逐渐消退。

（2）泛化与分化

在一定的条件反射形成之后，主体对与条件反射物相类似的其他刺激也做出一定的反应的现象叫作泛化；分化则是有机体对条件刺激物的反应进一步精确化，那就是对目标刺激物加强保持，而对非条件刺激物进行消退。

3. 斯金纳的操作性条件反射学说

继桑代克之后，伯尔赫斯·弗雷德里克·斯金纳（Burrhus Frederic Skinner）用白鼠作为实验对象，进一步发展了桑代克的"刺激—反应"学说，提出了著名的操作性条件反射学说。与桑代克相类似的是，斯金纳也专门为实验设计了一个学习装置——斯金纳箱。箱子内部有一个杠杆，只要饥饿的小白鼠按动杠杆，就可以吃到一颗食丸。他把饥饿的白鼠放入实验箱内，白鼠在里面杂乱地活动，偶然按动杠杆，食物杯里滚进一粒食丸。重复多次之后，白鼠就不再做出多余动作，而径直操作杠杆，取得食物。这样白鼠便获得了按压杠杆可以得到食物的经验。按压动作与得食之间由此建立联系。前者为后者显现的手段，这就是一种操作性条件反射。斯金纳把这种会进一步激发有机体采取某种行为的程序或过程称为强化，凡是能增强有机体反应行为的事件或刺激物叫作强化，导致行为发生的概率下降的刺激物叫作惩罚。

斯金纳把一切行为分为应答性行为和操作性行为。经典条件反射属于应答性条件反射，即强化物（无条件刺激物）伴随条件刺激物，但强化物要与条件刺激物同时或在其之后出现，这样条件反射才能形成。在操作性条件反射中，强化物同反应相结合是有机体必须先做出适当的反应，然后才能得到强化，即 R—S（反应—强化）形式。

斯金纳按强化实施以后学习者的行为反应，将强化分为正强化和负强化。正强化是指学习者受到强化刺激以后，增加了某种学习行为发生的概率。如，由于教师表扬学生做出的正确行为，从而使学生能在以后经常保持这种行为。负强化是指教师对学习者消除某种厌恶刺激以后,学习者的某种正确行为发生的概率得到增加。

斯金纳通过实验观察发现不同的强化方式会引发白鼠不同的行为反应,其中连续强化引发白鼠按动杠杆的行为最易形成,但这种强化形成的行为反应也容易消退。而间隔强化比连续强化具有更持久的反应率和更低的消退率。后来,斯金纳把从动物学习实验中得出的理论与模式,直接应用到人类的学习活动中,认为人类学习行为也是操作性的。他把操作性条件学习理论用于教学,提倡程序教学和机器教学,被称为"机器教学之父"。在教学过程中,教师要积极应对学生做出的每一个反应,并对学生做出的正确反应予以正确的强化。

(二) 学习的认知理论

认知学习理论认为,学习不是在外部环境的支配下被动地形成"刺激—反应"的联结,而是学习者主动地在头脑内部构造认知结构。学习者当前的学习依赖其原有的认知结构和当前的刺激情境,学习受主体的预期所引导,而不受习惯所支配。

1. 苛勒(Kohler)的"完形—顿悟说"

"格式塔"为德语名词 Gestalt 的译音,意为"整体"或"形态"。格式塔学派反对学习是建立刺激与反应之间联结的观点,而注重知觉在行为中的作用,认为学习是知觉系统的组织与再组织。格式塔学派心理学家苛勒设计过这样一个实验情境:将一只饥饿的黑猩猩关在屋子里,屋顶放置香蕉,屋里有若干板箱。起初,黑猩猩用"手"无法拿到香蕉。稍后,黑猩猩坐在板箱上看着屋顶的香蕉,开始沉思,突然间似有所悟,将一个板箱放到香蕉下方的地上,随后搬起另两只板箱,将其摞在一起,然后站到板箱上取到了香蕉。黑猩猩为自己的这一"创造发明"而高兴,并不断地重复这一摞箱子取香蕉的动作。在第二天重复这一实验时,苛勒发现黑猩猩很快就能把板箱摞在一起并站上去取得香蕉,而没有漫无目的地尝试。在实验研究的基础上,苛勒提出了与桑代克的试误说相对立的"完形—顿悟说"。

苛勒认为,学习的实质是在主体内部构造完形。学习过程中问题的解决,都是由于对情境中事物关系的理解而构成一种"完形"来实现的。学习过程是一个顿悟的过程。学习是个体利用本身的智慧与理解力对情境及情境与自身关系的顿悟,而不是动作的累积或盲目的尝试。顿悟虽然常常出现在若干尝试与错误之后,但不是桑代克所说的那种盲目的、胡乱的冲撞,而是在做出外显反应之前,在头脑中要进行一番类似于"验证假说"的思索。动物解决问题的过程似乎表明了动物只有在清楚地认识到整个问题情境中各种成分之间的关系时,顿悟才会出现。

2. 加涅的信息加工理论

加涅利用计算机模拟的思想，坚持利用当代认知心理学的信息加工的观点来解释学习过程，展示了学习过程中的信息流程。加涅认为，学习是一系列的认知过程，是学习者通过自己对来自环境刺激的信息进行内在的认知加工而获得能力的过程。他提出了一个较为完整和系统的学习与记忆的信息加工模型，以便形象地反映学习与记忆的内在过程。

该模型呈现了人类学习的内部结构及每一结构所完成的加工过程，是对影响学习效果的教学资源重新合理配置、调整的一种序列化结构。在这个信息流程中，加涅主要强调了以下三点：

（1）学习是学习者获取信息的一种方式

学习者从外部环境中接受刺激从而激活感受器，这是学习的第一步。感受器将接收到的信息传递至感觉登记器。信息在此处只保存1秒左右或更短时间，在这一阶段，绝大多数信息未能受到注意，只有一小部分信息被注意选择而进入短时记忆加工阶段。信息进入短时记忆便被编码和储存。但短时记忆对信息的储存时间很短，只有30秒左右，而且容量极为有限，只有 7 ± 2 个单位。

从学习者的角度看，信息最为关键的变化发生在进入短时记忆后的编码阶段，经过编码，原先以声音或形状储存的信息马上可能转化为能被人理解的、有语义特征的言语单元或更为综合性的句子、段落的图式。如果学习者能进行复述，信息就能保持较长时间，即进入下一个加工阶段——长时记忆加工阶段，否则就会被遗忘。长时记忆对信息的保留时间很长，且储存容量很大。储存在长时记忆中的信息如果要用，必须通过"提取"，提取的信息构成"反应发生"的基础。对有意识的认知活动而言，信息从长时记忆流向短时记忆，然后到达"反应发生器"，而对于熟练的自动化反应而言，信息可以直接从长时记忆流向反应发生器。反应发生器对反应序列进行组织并指引反应器。反应包括人的所有肌肉活动和腺体分泌。

（2）学习者自发的控制和积极的预期是制约学习有效性的决定因素

学习活动作为一个信息加工过程，也需要自我调节和控制。比如，通过对感觉系统的调节，可以使之选择适当的信息加以注意；对记忆的编码方式进行调节，可以提高信息的储存质量等。为了有效学习，学习者必须对一些刺激做出反应，这意味着在学习初期学习者的感觉器官就应该朝向于刺激源，做好接受刺激的心理准备；另外，选择性知觉会直接影响到感觉登记器中的内容进入短时记忆的特征及编码方式的选择，它作为一种特殊因素，在学习一开始就决定了学习者概括和解决问题的能力及学习者思维质量的高低。作为一种定向性的执行过程，预期的内容能使学习者产生一种连续的学习定式。

（3）反馈是检验学习效果的手段

学习是一个封闭的环形流程，有起点，也有终点，这里的起点和终点都指向与学习者紧密相关的学习情境，在这样一种情境中需要对学习结果做出一定的评价。反馈是通过对学习者行为的效果提供结果性评定，来检测学习的意义。

3. 布鲁纳的认知结构理论

布鲁纳始终认为，学校教育与实验室研究猫、狗、小白鼠、黑猩猩受刺激后做出的行为反应是截然不同的事，建立在动物心理学基础上的，且仅限于知觉水平的认知理论同样已经不足以解释人类的学习，而需要获得进一步的开拓与完善。布鲁纳以认知结构理论为基础，提出了一套关于学习的理论，后来被有的心理学家称为"认知—发现说"。

（1）学习的实质是主动地形成认知结构

认知结构就是指学习者头脑中的知识结构，他们已有的全部观念的内容和组织。布鲁纳认为，学习的本质不是被动地形成"刺激—反应"的联结，而是主动地形成认知结构。学习者不是被动地接受知识，而是主动地获取知识，并将新获得的知识和已有的认知结构联系起来，积极地建构其知识体系。

（2）学习由知识的获得、转化和评价过程所组成

教师若在教学前了解学生已有的知识、经验，既可以促进学生对新知识的迅速掌握，又可以使其已有的知识得到进一步提炼。知识的转化是指对知识进一步分析和概括，使其适合新任务，也就是通过各种加工的方法，把所得知识转化为另一种形式，目的在于学到更多的知识。评价是对知识转化的一种检查。通过评价可以核查处理知识的方法是否合适，分析、概括是否得当，运算是否正确，等等。教师在帮助学生进行评价时具有决定性作用。

（3）强调学习各门学科的基本结构

布鲁纳非常重视学习各种学科的基本结构。他认为，学生理解学科的基本结构，能使接受的知识在以后一生中发挥作用。布鲁纳强调"不论我们选教什么学科，务必使学生理解该学科的基本结构"。所谓"基本"，就是具有既广泛而又强有力的适用性。他主张改革或重编基础课的教材，要把那些基本知识结构放在中心位置。同时教材要清楚地反映有关学术领域的发展新水平，要使新编的学科知识能由普通的教师教给普通的学生。这样的学习才能促进学生智能的发展。

（4）提倡使用"发现法"

布鲁纳主张学习者要有发现的态度和方法，即采用"发现学习"。所谓发现法，就是由教师创设情境，学生在此情境下主动思考，提出要解决的问题和设想，通过分析、运算和操作等过程，对教材进行加工、改组，最后激起学生的学习动机和学习兴趣，启发学生

独立思考，发展学生的创造性思维能力，并且帮助学生巩固知识。

4. 奥苏贝尔的认知同化理论

奥苏贝尔创造性地吸收了皮亚杰、布鲁纳等同时代心理学家的认知同化理论，提出了著名的有意义学习、先行组织者等理论，并将学习论与教学论两者有机地统一起来。

（1）有意义学习

奥苏贝尔指出，有意义学习过程的实质就是符号所代表的新知识与学习者认知结构中已有的适当观念建立非人为的和实质性的联系。他提出有意义学习的两大条件：一是内部条件，学习者表现出有意义学习的态度倾向，即学习者表现出积极地寻求把新学习的知识与本人认知结构中原有知识联系起来的行为倾向性；二是外部条件，所要学习的材料本身要符合逻辑规律，能与学习者本人的认知结构、认知特点相吻合，在学习者的认知视野之内。美国心理学家迈耶（Mayer）认为，促进有意义学习的三种外部教学条件是：①学习材料具有实质性的意义；②学习者需要帮助；③测验所评估的是有意义的学习。

（2）知识的同化

奥苏贝尔认为，学习者学习新知识的过程实际上是新旧材料之间相互作用的过程。学习者必须积极寻找存在于自身原有知识结构中的能够同化新知识的附着点，这里的同化主要指学习者把新知识纳入已有图式中去，从而引起图式量的变化的活动。学习者在学习中能否获得新知识，主要取决于个体认知结构中是否已有了有关的概念。教师必须在教授有关新知识以前了解学生已经知道了什么，并据此开展教学活动。

（三）社会学习理论

社会学习理论是美国社会心理学家班杜拉（Bandura）提出的。他认为以往的学习理论家一般都忽视了社会变量对人类行为的制约作用，主张要在自然的社会情境中而不是在实验室里研究人的行为。他通过实验研究并阐明人在社会环境中是怎样进行学习的。他的实验过程分成三个阶段，第一阶段和第二阶段是看录像阶段。三个班级的学生看的录像第一部分内容相同，都是一个大孩子在一间屋子里击打一个玩具娃娃。接着，屋子里出现了一个成人。看录像的第二阶段，三个班级的学生所看的内容就不一样了，A班学生为赞许组，B班学生为惩罚组，C班学生为控制组。第三阶段是看完录像后，实验者领着三个班级的学生分别待在不同的教室里，观察学生的行为反应，结果看到 A 班学生主动攻击玩具的次数最多，C 班次之，B 班最少。

班杜拉把观察学习过程分成四个阶段：①注意阶段。个体通过观察他所处环境的特征，注意到那些可以为他所知觉的线索。通常，个体更倾向于选择那些与自身条件相类似的或被他认可的对象作为知觉对象。②保持阶段。个体通过表象和言语两种表征系统来记住他在注意阶段已观察到的榜样的行为,并用言语编码方式将其存储于信息加工系统中。③复制阶段。有机体从自身信息加工系统中提取从榜样情景中习得并记住的有关行为,在特定的环境中模仿。这是个体将通过观察学习而习得的不完整的、片段的、粗糙的行为,通过自行练习而加以弥补的过程,最终使一项被模仿的行为通过复制过程而成为个体熟练的技能。④动机阶段。个体通过前三个阶段已基本上掌握了榜样的有关行为,但在现实生活中,个体却并不一定在任何情景中都会按照榜样的行为去做出自己的反应,班杜拉认为这主要是由于"条件"和"机会"的不成熟,而"条件"和"机会"的成熟与否则主要取决于外界对此行为的强化程度。

(四) 人本主义学习理论

20世纪中叶,一些心理学家感到现有的心理学(主要是行为主义心理学和精神分析心理学)所提供的关于人类的心理知识,大多是不完整的、扭曲的,因此,难以在新的时代里解决社会所迫切需要解决的问题。行为主义心理学往往过于关注"严格"的研究方法,以致忽视了人之所以为人的实质性的东西,把对动物的研究结果应用于人类学习。精神分析心理学只看到人的潜意识中的黑暗方面,而没有看到在人性之中尚有积极、美好的东西,过于悲观和宿命论。在心理学的研究中,需要以人为本,即把人当作人来看待。由于具有这种观点的人越来越多,在20世纪60年代时代背景的推动下,他们的观点已形成一种学派,即人本主义心理学。

1. 以人为本的教学目的观

人本主义心理学家试图从行为者,而不是从观察者的角度来解释和理解行为。他们强调人的本性、尊严、理想和兴趣,认为人的自我实现和为了实现目标而进行的创造才是人的行为的决定因素。马斯洛指出,学习的本质是发展人的潜能,尤其是那种成为一个真正的人的潜能;学习要在满足人最基本的需要的基础上,强调学习者自我实现需要的发展;人的社会化过程与个性化过程是完全统一的。因而,许多人本主义教育家认为,教师在教学中应创设能促进学生学习的良好的心理氛围,保证学生在自由、安全的情境中发现学习内容的价值、意义,使学习者成为充分发展的人。

2. 彰显主体的教学过程观

人本主义认为,在教学过程中,应以学生为中心,"学校为学生而设,教师为学生而教"。"教人"比"教书"更重要。教育就是要培养学生的健康、健全的人格和心灵。通过学校教育环境的不断改善,调动学生的积极性,发展学生自己的潜能,提高其自主学习的能力。

罗杰斯主张学生要充分发挥自己的潜在能力，能够愉快地、创造性地学习。在罗杰斯看来，良好的师生关系应具备的三个基本条件是真实、接受和理解。为此，他提出教师应做到：对学生进行全面的了解，对学生关心备至，尊重学生的人格，与学生建立良好的、真诚的人际关系，从学生的角度出发来设计教学活动和教学内容，善于使学生陈述自己的价值观和态度，善于采取灵活多样的教学方法，对学生进行区别对待。

（五）建构主义学习理论

建构主义学习理论是学习理论的一种新的发展。该理论强调学习过程中的积极主动性、对新知识的意义的建构性和创造性的理解，强调学习的社会性质，重视师生之间和生生之间的社会相互作用对学习的影响。

1. 知识观

建构主义认为，知识并不是对现实的准确表征，而只是一种解释和假设。首先，知识是个人经验的合理化。知识并不是由学生简单地以显而易见的方式来获得的，所有的知识都是学生创造出来的。其次，知识是个体、社会建构的产品，新知识是由学生与社会相互联系而建构或创造出的。最后，知识是由个体主动建构的。学生是一个主动的建构者，他要积极地对外部信息进行主动选择、加工和建构。因此，高校要引导大学生在原有知识经验的基础上，以意义建构的形式来学习知识、获取知识和创新知识。

2. 师生观

建构主义需要教师扮演反思实践家的角色，教师应转变为敏锐的观察者和预测者。在建构主义的学习环境中，教师不应再将自己当作知识的传授者，也不必是无所不知的并控制课堂中的方方面面；相反，教师应该成为引导学生进行知识建构的促进者，指导学生顺利发展，与学生共同解决问题，为学生学习提供一个拥有丰富的必需资源的情境。教师要由教育舞台上的"独奏者"转变为"伴奏者"，从台前退到幕后，以学生为中心，努力创设适宜的情境，激发学生主动创新的意识、热情和习惯。

3. 教学观

传统教学忽视学生的主动性，阻碍了学生学习创新。建构主义强调，教学应以学生为中心，学生在教师的指导和帮助下不断自主建构和创新知识。教师要进行有效的教学设计，研究并优化学生现有的认知结构，给学生提供必要的知识经验，引导并协助学生进行学习创新，以培养学生的创新能力。建构主义提倡用支架式教学、抛锚式教学和随机进入教学等方法，引导学生对知识进行主动探究和建构，把学习引向深入。教师要给学生提供适合其知识建构的认知结构框架、思维方式、学习情境以及有关线索。大学生也正是依据这些条件不断建构新的知识意义，并以此发展他们的创新能力和自主学习的习惯。

尽管长期以来心理学家对于学习进行了大量研究，但迄今为止还没有一种理论是适用于解释所有学习现象的。大学生学习类别多样，相当复杂。各种学习理论的研究成果尽管存在一些不足之处，但对于认识和研究大学生学习具有重要的理论指导价值和实践意义。

三、大学生学习的主要特点

（一）学习要求更为全面

高等教育要求大学生能得到更为全面的发展。相应地，要想获得全面发展，大学生的学习必须体现全面性。全面发展的"全面"主要不是一个量的概念，"全面"不是指包罗万象。全面发展，实质是个性发展；全面发展，应是一些基本方面的发展。从学习目标来看，大学生不仅要习得专业知识，形成专业技能，发展智力，还要增强体质，培养思想道德素质和审美素质；从学习水平来看，大学生不仅要识记和理解知识，还要分析和综合知识，在此基础上加以评价和应用；从学习内容来看，大学生要重视对德、智、体、美、劳等各方面的全面发展，促进手与脑、身与心的全面发展；从学习系统来看，要促进知、情、意、行的全面发展。在学习过程中，教师应该引导大学生学会全面学习，正确处理好德与才、渊与博的关系，做德才兼备、学识渊博的人才。大学生要注意全面、综合地发展知识、能力与素质，把全面发展与个性优化紧密结合起来，这样既有利于自己聪明才智的发挥，也能使未来社会对人才多样化的需求得到满足。

（二）学习的实践应用性更强

大学生即将走上工作岗位，需要逐步学会将所学知识应用到工作实践中去。只有会应用知识，把学到的东西全部都应用到实践中去，知识才有价值，个人也才更有竞争力。我国的教育方针指出，"教育必须为社会主义现代化建设服务，必须与生产劳动相结合"。"学以致用"是大学生知识学习的最终目的。根据美国心理学家斯腾伯格的成功智力理论，只有发展了实践性智力才能使我们最终获得成功。加涅将解决问题学习作为学习的最高级的形式，而且他还认为"教育计划具有的重要的、终极的目的是教会学生解决问题"。当前，多数高校能够根据培养目标，按照不同专业的特点，组织大学生参加大量的社会实践活动，注重培养大学生的动手操作能力和实践应用能力。大学生既要具有基本的理论知识，更要具有熟练的实践操作技能，能解决社会生产生活实践中的一般问题。在使用知识解决问题的过程中，不但可以巩固知识，形成技能，而且把所学知识与工作生活联系起来，能增加学习的热情。

（三）学习空间更为广阔

高等教育打破了单纯的课堂教学的基本教学形式，突破了高校的范围。大学生在学习期间必须通过"产学结合"，一边学习、一边实践，必须尽量利用专业知识和技能参加社会服务，投身社会实践。这样，课堂和教材不再是大学生唯一的学习资源，学校不再是一个为学生一生发展准备一切的场所。课堂学习仅仅能够满足大学生系统接受知识的需要。封闭性的学校教育，从学习内容到学习过程都远远脱离社会公共生活和职业生活，使学生在完成学校教育而走向社会时根本不具备实际工作所需要的基本技能和相应的社会能力。"闭门"难以造出"好车"。在课堂以外的学习空间中，大学生能够开阔视野，了解社会需求，从而使学习更具有目的性和针对性；可以广泛接触不同人群，面向社会生产生活实践，应用和创新所学知识，不断发展与提高专业技能和素养。此外，课外学习空间还能给大学生提供进行自主操作、观察测量、科学分析、评价应用的机会，能培养大学生科学研究的态度和能力，使其掌握科学探索的方法和途径。与此同时，大学生可以运用更为灵活的学习方式，获得更为丰富的学习资源和广泛的知识信息。

（四）学习自主性更强

学生从小学到大学，是一个他主性逐步递减、自主性不断递增、由局部自主学习到全部自主学习的发展过程。自主学习，通俗地讲就是自学，包括三层意思，即主动学习、能动学习和独立学习。主动学习是自主学习的首要特征，体现了学生对学习的一种内在的追求和渴望。随着大学生学习内容选择范围的增大、专业发展方向的变化和自我支配时间的增多，这就要求他们能动地选择适合自己的学习内容、方法和策略，能动地计划、实施、调节和评价学习，不断优化知识结构，适应自身与社会发展的需要。在学习过程中，"学生必须自己教自己，因为只有他们自己才晓得哪种方法最适合自己"。这样，他们在面临种种情境和问题时才能及时能动地做出反应。

第二节 专业知识学习与教学指导

专业知识的学习过程是一个特殊的认识过程，是由教师根据课程计划、教学大纲和教科书，有计划、有目的地向学生系统传授知识，并通过学生积极主动的认知活动来实现。一般认为，知识学习的过程主要包括知识学习的准备、知识的感知、知识的理解、知识的巩固和知识的应用五个基本阶段。在知识学习之前，学生必须具有相应的学习准备，在此基础上才能有效地感知和体验知识，深刻地理解和巩固知识，熟练地掌握所学知识，做到融会贯通，从而分析、解决学习和生活中的问题。下面将分别阐明上述五个学习阶段的心理过程及其教学指导。

一、专业知识学习的准备阶段

根据桑代克学习理论中的准备律，教学所面临的首要任务就是帮助学生形成良好的学习准备状态。"工欲善其事，必先利其器。"在学习之前，教师必须引导学生在知识基础、学习动机、学习时间、学习空间、身心发展等方面做好精心的学习准备。

（一）知识基础的准备

知识基础的准备是学习新知识的重要条件。我国古代就有"以其所知，喻其不知，使其知之"的说法。所有的认知过程都在知识基础这一背景中运行，接受和加工信息以及输出的程序化都是在知识基础上进行的。奥苏贝尔的有意义学习理论认为，学生原有的知识基础能够帮助同化新知识，因而也是使知识由逻辑意义转为潜在意义的必要条件之一。在教学中，教师应了解学生原有的知识基础以及新的学习任务所必需的基础知识。教师应当采取各种有效的方式，唤起学生原有的知识经验，并在此基础上讲授新的科学知识，使新旧知识相互作用，这样才能更好地促进学生对新知识的理解和对旧知识的巩固。

（二）学习动机的准备

学习动机是影响学生学习活动的重要因素之一。学习动机是直接推动学生进行知识学习的内部动力。知识学习首先必须激发学生主动、积极的学习动机，使他们在头脑中产生达到某种学习目标的期望，从而引起学生主动积极的学习活动。学习动机不仅影响学生知识学习的效果，而且还关系到他们学习热情和良好学习态度的形成。奥苏贝尔的有意义学习理论也指出，学习者必须有学习的心向，即具备积极主动地在新知识与已有适当观念之间建立联系的倾向性，这样才能够获得知识的心理意义。教师还要引导学生树立知识学习的决心，增强学习的紧迫感，避免懒散、拖拉，从而有效地提高知识学习的效果。

（三）学习时间的准备

如果把学习理解为一种经营自己的知识结构和思维的活动，那么我们可以说在学习中存在一个资源的合理、有利分配的问题，也存在一种"学习的经济学"。因此，大学生首先就要树立明确的学习目标。教师应该针对学生的心理特点，引导他们制定相应的近期目标、中期目标与长期目标。学习目标要适当、明确、具体。如果学习目标是由学生自己提出并掌握的，那么更能提升学生的学习动机。在此基础上，要制订科学的学习计划，充分安排学习时间，要努力做到全面、合理、高效。教师要引导学生进行有效的时间管理，确立有规律的学习时段、切合实际的目标，分清任务的轻重缓急，学会对分心事物说"不"，从而促进学习，增强自我效能感。

（四）学习空间的准备

学习空间的准备主要指选择良好的、相对固定的学习环境。良好的学习环境，如：较低的噪声、柔和的光线、适宜的温度、舒适的座位等，有利于大学生良好学习状态的保持。学习场所的相对固定能使得学生比较熟悉学习环境，能增强学习状态的稳定性。而经常变动学习环境，学生会浪费学习时间去适应它。

（五）身心发展的准备

1. 心理准备

首先，要有决心。决心可以理解为学习的心向，这也是学习的内部条件之一。其次，要有信心。要通过一系列活动增强自己的自我效能感、力量感、成功感和胜任感。再次，要有恒心。学习要做到脚踏实地、实事求是，能静下心来学习知识和练习技能，排除轻率、浮躁、冒进、马虎与急功近利等不良学习态度。最后，学生在学习时还要杜绝惰性心理、侥幸心理等不良心理。

2. 身体准备

有规律的生活有助于形成良好的条件反射，从而保证各种生理机能得到良好的发挥。大学生要保持充足的睡眠，调节好自己的生物钟，注意调整好自己每天、每周的高效学习时间；还要经常锻炼身体，做到劳逸结合。必须注意，在运动之前要做好充分的准备，运动的方式、强度和频度要得当，避免造成过度疲劳，影响学习。

二、专业知识学习的感知阶段

感知是感觉与知觉的总称，是学生认识客观世界的基础，是获得感性认识和直接经验的主要形式。感觉是人对客观事物个别属性与特征的反映，而知觉是人对客观事物整体属性的反映。知觉除了以各种感觉为基础外，还需要借助个体过去的知识经验的帮助。观察是一种有目的、有计划的知觉过程，它不仅简单地感知和综合信息，还含有思维的成分，是感知的高级形态。良好的观察能力是大学生进行知识学习的重要素质，也是成材的必备条件。教师应该有目的、有计划地组织学生进行系统观察，以培养他们良好的观察能力和品质。

（一）灵活运用多种直观形式

1. 实物直观

实物直观是在感知实际事物的基础上进行的，它是通过观察实物和标本、演示实验、实地测量、参观访问、社会调查、教学见习等方式，为知识的理解和保持提供感性材料。由于实物直观具有生动、形象的特点，给学生以真实感和亲切感，因此，它不仅有利于学生正确理解知识，也易于激发学生的求知欲，提高学习的兴趣和积极性。但由于实际事物中的本质特征与非本质特征是紧密结合在一起的，事物的非本质特征往往又比较明显、突出，因而本质属性易被其他非本质属性掩盖。另外，实物直观受时间、空间和感官特性的限制较大，许多事物的特征与联系在实物直观过程中是难以直接觉察的。因此，还必须采用其他的直观形式。

2. 模象直观

模象是指事物的模拟性形象，它不是实际事物，而是其模拟品。模象直观也叫教具直观，是指通过图片、图表、模型、教学视频等模拟实物的景象给学生提供感性材料的方式。模象直观虽然不如实物逼真，但能摆脱实物直观的种种局限，能提高直观的效果，扩大直观的时空范围，为理解知识创造了有利的条件。为了突出事物的主要特征，模象直观可以人为地排除与认识当前对象无关的特征，从而便于突出感知对象。但是，由于模象与实际事物之间存在一定差距，学生有时难以把模象知觉同真实对象联系起来，有时甚至会加以曲解。因此，在可能的情况下，教学应结合使用模象直观和实物直观。

3. 言语直观

言语直观是指教师通过书面或口头语言的生动具体的描述、鲜明形象的比喻、合乎情理的夸张等形式给学生提供感性认识，使学生对所要理解的知识建立起直观形象，从而加深对知识的理解。言语直观虽不如前两种直观形式鲜明、形象、逼真，但具有灵活、经济、方便的特点，不受时间地点和设备的限制，因而可以广泛采用。言语直观的教学效果取决于教师语言的质量。教师教学时要注意声调、速度，努力使语言精练、生动、优美，饱含激情。这样才能以情唤情、以情换情，从而激发学生的感情，提高教学的效果。言语直观对于实物直观和模象直观而言，是不可缺少的。

在教学过程中，以上三种直观形式必须相互配合使用，才能收到良好的教学效果。

（二）运用感知规律，突出对象特点

1. 强度律

被感知的事物必须达到一定的强度，才能被学生清晰地感知到。在此，强度主要指相对强度。在教学过程中，教师讲述的音量要适中，音量太低，学生会听不清或听不见；音量太高会造成学生的疲劳，降低教学效果。教师的板书字体、直观教具等大小要适当，以便学生能看得见、看得清。教室应尽可能有充足的光线，光线太暗既影响学生感知的清晰度，也有损学生的视力。

2. 差异律

被感知的对象必须与它的背景之间有所差别。一般来说，二者差异越大，越易使对象从背景中被区别出来，所以"万绿丛中"的"一点红"很容易被感知。教师在教学过程中，应力求使对象与背景在色调、声音强度、形状大小、线条粗细、材料内容和性质等方面有明显的差异。在读书时用色笔将重点和难点做记号，这也是为了突出对象，便于感知。

3. 活动律

一般来说，活动的对象更容易被我们所感知。在静止的背景上，恰当地使对象呈现运动状态，可以增强感知效果。教师在直观教学方面应多采用活动教具、活动模型及现代化的视听传媒工具，把形、声、光结合起来，直观地再现客观事物，这样可以使教学更加生动形象，能提高知识学习的效果。

4. 组合律

凡是空间上接近、时间上连续、形态上相似、颜色上一致的事物，都易于构成一个系统或一个整体，并被感知为一组对象。因此，在知识教学过程中，直观材料和教学内容应力求在时间、空间上组成有意义的或有规律的系统，便于学生整体知觉。即使是零散的材料也要按上述各种关系组合起来，才易于形成整体概念。教师的板书应力求布局合理，位置顺序排列得当，主次分明，重点突出。

5. 对比律

凡是在性质或强度上具有对比关系的刺激物，当它们同时或相继作用于感觉器官时，往往能使学生对它们差异的感知变得更加清晰，从而提高感知的效果。因此，把具有对比意义的材料放在一起，能使其更清晰地被感知。如：进行颜色对比、形状对比、人物对比、环境对比等，都可以加深感知印象。

三、专业知识学习的理解阶段

知识理解是大学生知识学习过程中的一个重要环节，它是大学生运用已有的知识经验去认识事物的种种联系、关系直至认识其本质、规律的一种逐步深入的思维活动。用信息加工论的观点看，知识理解的过程就是把由感知所获得的大量信息进行编码加工，使其系统化、概括化、精练化的过程。心理学研究和教学实践证明，知识只有得到深刻的理解，才能更有效地得到记忆、迁移和应用。

（一）大学生知识理解的基本过程

1. 分析与综合

分析是在头脑里把复杂事物的整体分解为简单的要素，进而分别加以考虑的思维过程，如：把植物分解为根、茎、叶、花、果。分析是否恰当，在很大程度上取决于人们所选择的分析标准是否符合客观实际。与分析相对应的是综合。综合是在头脑里把事物的各个部分、各个方面或不同特征结合起来组成整体并加以考虑的思维过程，如：把单词组成句子。综合需要根据客观事物的内部联系，不能简单任意地将部分联结起来，这样不利于把握事物的整体。

2. 比较与分类

比较与分类是在分析与综合的基础上进行的。比较是在头脑中把各种事物加以对比，并确定它们之间的差异性和同一性。比较是在一定的关系上，根据一定的标准，从不同的角度进行的。对事物进行比较，首先要确定一个标准。在知识学习过程中，教师应启发学生运用比较去掌握知识。分类是在头脑中根据事物的共同点和不同点，把它们区分为不同类别的思维过程。比较是分类的基础。通过比较，可以初步了解事物的异同，根据共同点把事物归并为较大的类，根据不同点把事物划分为较小的类，这样就能使知识结构化、系统化，便于理解和巩固。

3. 抽象与概括

抽象与概括是在比较的基础上进行的，是更高一级的思维过程。抽象是在头脑中抽取出一些事物的共同的本质属性、舍弃其非本质属性的思维过程。概括是在头脑中把同类事物中抽取出来的共同的本质属性结合起来，并推广到同类其他事物的思维过程。抽象实际上是把事物的本质属性和非本质属性区分开来的过程，而概括则是把事物的本质属性联合起来的过程。只有通过抽象和概括，才能认识事物的本质属性和规律性的联系，由感性认识上升到理性认识。

（二）促进大学生有效理解知识的条件

1. 运用正例和反例

教师在指导学生进行知识学习时，不仅要关注知识的本质特征，也要注意舍弃非本质特征。为此，教师必须配合使用概念或规则的正例和反例。正例称为肯定例证，指包括知识本质特征和内在联系的例证；反例称为否定例证，指不包括或只包括极少部分知识的主要属性和关键特征的例证。一般来说，知识的正例传递了有利于概括的信息，而反例则传递了有利于辨别的信息。在教学过程中，如果同时使用正例和反例，知识学习将更为容易。因为适当运用知识的反例，可以排除无关特征的干扰，有利于加深对知识本质属性的认知。

2. 提供丰富的变式

变式就是将概念的正例加以变化，例如，鸡、鸭、鸽子等都是"鸟"的变式。变式用不同形式的直观材料或事例说明事物的本质属性，即变换同类事物的非本质特征，以便突出本质特征。在知识理解的过程中，教学时总是先出现若干个变式例子，使概念的无关特征不断变化，同时保持概念的本质特征不变。如果变式不充分，学生在对教材进行概括时，往往容易发生错误：一是把许多事物所共有的非本质特征看作本质特征；二是在概括中人为地增加或减少事物的本质特征，因而不合理地缩小或扩大概念。

3. 科学地进行比较

知识学习中只有通过比较，揭示知识之间的联系和区别，确定其相同点和不同点，才能巩固旧知识，获得新知识。同时，只有将知识归入一定的顺序和体系中才能加深理解、巩固记忆、便于应用。为此，教学中就要经常运用比较法，让学生在知识学习的过程中，学会做比较、辨异同、找联系。通过对同类事物的比较，寻求同类事物所共有的本质特征。通过对不同种类事物的比较，准确理解异类事物之间的联系与区别，有助于知识得到分化。

4. 启发学生自觉概括

通过对所学知识的积极有效的概括，可以使学生在感性经验的基础上获得理性经验，从而顺利掌握科学知识。在教学过程中，教师应该启发学生进行自觉的概括，鼓励学生主动参与问题的讨论，鼓励学生自己去总结知识的原理和规律。在讨论的时候，教师不仅要鼓励学生主动提出问题，还要鼓励他们主动概括问题、分析问题和解答问题。在讨论的过程中，教师不应代替学生概括，唯有从"台前"退到"幕后"，成为学生知识学习的引导者和辅导者，才能充分调动学生的思维，引导学生主动地概括、归纳和总结。

四、专业知识学习的巩固阶段

在对知识进行感知和理解的基础上，必须巩固知识。如果不加以巩固，可能会造成知识的遗忘，从而影响学习的结果。知识的巩固是积累知识的前提，是知识应用的必要条件，也是进一步学习新知识的准备。从信息加工心理学的观点看，知识的巩固就是把感知和理解这两个环节中所获得的大量信息加以储存。知识学习的巩固环节的核心心理因素是记忆。

记忆是整个心理活动的基础，也是积累经验、丰富知识的基本手段。

（一）记忆的含义

1. 记忆的实质

记忆是一个从"记"到"忆"的过程，它包括识记、保持和回忆三个基本环节。从信息加工论的观点来看，记忆就是信息的输入、加工、储存、提取和输出的过程。识记和保持是回忆的前提，回忆是记忆的最终目的，是识记、保持结果的表现和加强。

识记是记忆过程的第一个基本环节，它是个体把知识信息输入头脑，并获得知识经验的过程，具有选择性的特点。保持是记忆过程的第二个基本环节，它是将识记过的知识经验在人脑中储存和巩固的过程，是实现回忆的保证，是记忆力强弱的重要标志之一。保持的过程也是防止遗忘的过程。回忆是记忆过程的第三个基本环节，是在不同条件下人脑对过去经验的提取过程。回忆包含着对过去经验的搜寻和判定，它是通过一定的思维活动进行的。

2. 记忆的类型

根据记忆内容的不同，可以把记忆分成五种：形象记忆、动作记忆、语义记忆、情绪记忆和情景记忆。

（1）形象记忆

形象记忆是以个人感知过的事物的具体形象为内容的记忆。形象记忆所保持的是事物的具体形象，它可以是视觉形象、听觉形象，也可以是触觉形象、嗅觉形象。绝大多数人以视觉和听觉的形象记忆为主。

（2）动作记忆

动作记忆是个人以过去经历过的身体的运动状态或动作形象为内容的记忆。它是形象记忆的一种形式，是以过去的运动或操作动作所形成的动作形象为前提的。动作记忆中的信息保持和提取都比较容易，也不容易遗忘。运动员和机械维修人员尤其需要这种记忆。

（3）语义记忆

语义记忆是个人以概念、判断、推理等抽象思维为主要形式，以事物的关系以及事物本身的意义和性质等为内容的记忆。由于这些内容都是以语词符号表达出来的，因而这种记忆也叫作语词—逻辑记忆。语义记忆是人类特有的，具有高度的抽象性。属于语义记忆类型的人，擅长记忆语词材料、抽象概念和逻辑规则。

（4）情绪记忆

情绪记忆是以个人曾经体验过的某种情绪或情感为内容的记忆。在现实生活中，有人牢固地保持着自己所体验过的情绪，或易于记忆曾经激起自己某些情绪的事物。每个人都具有一定的情绪记忆能力，很多人对于曾经唤起自己某种强烈情绪的事物，以及对这种情绪体验本身常常能够终生不忘。

（5）情景记忆

情景记忆是个人以亲身经历的、发生在一定时间和地点的某个事件或情景为内容的记忆。由于情景记忆受到一定时间和空间的限制，信息的储存容易受到各种因素的干扰，因此，情景记忆相对于语义记忆而言，提取比较缓慢，往往需要意志努力进行搜索，记忆不够稳定也不够确定。

（二）影响知识识记的主要因素

1. 识记的目的性和积极性

提高知识识记效果的主要方法是明确识记的目的和任务。在教学实践中，必须注意充分利用有意识记，提高学生的识记效果。有意识记是指具有明确目的，并需一定意志努力的识记。有意识记是人们获得系统的科学知识、完成学习任务和积累个体经验的主要记忆形式。一旦明确了识记的目的和任务，就会使人们的全部心理活动趋向于一个目标，使学习任务从背景中分离、突出出来，从而在大脑中留下比较深刻的痕迹，保持的时间也会更长一些。在识记时，大学生应该保持积极性，必须树立识记和学习的决心。识记绝不是一个被动的和无足轻重的活动，而应该是一种积极的和主动的追求。

2. 材料的性质和长度

材料的性质、数量、长度和部位等属性都会对信息编码与识记过程产生影响。一般来说，识记有意义的材料比识记无意义的材料效果好，识记直观形象的材料比识记抽象概括的材料效果好。要达到同样的识记效果，识记的材料越多，平均需要的学习时间或学习的次数就越多。

3. 对材料意义的理解度

根据识记材料有无意义或学生是否理解了其意义，我们可以把识记分为意义识记和机械识记。意义识记是在对材料理解的基础上，依据事物内在的联系和规律对材料进行识记。而机械识记指的是对材料没有理解的情况下，只根据材料的外部联系或表现形式，采取简单重复的方式进行的识记。研究表明，对材料意义的理解程度是影响识记效果的最重要的条件。在教学中，教师应该指导学生对识记材料进行深刻的理解，使其学会在理解的基础上进行识记。

4. 编码组块化

在识记过程中，应注意将信息编码组块化。组块是指在信息编码过程中，将若干较小的单位联合成有意义的、较大的信息加工的记忆单元，不同组块所含的信息量是不相等的，组块的方式主要依赖人过去的知识经验。如果能够对识记材料进行合理组块，不仅能增加识记容量，而且还有助于长期地保持。

5. 识记的信心

学生的信心对识记也有很大的影响。如果学生比较自信，他就能集中注意力，积极思考，深入理解材料，进行意义识记，这样，识记的效果自然就会提高；反之，如果缺乏信心，就会影响识记时的注意力、思维和理解，以及必要的意志努力，也就很难有良好的识记效果。

6. 采用多通道、多途径进行识记

一般认为，人们存储信息时使用的通道越多，记忆也就变得越巩固。采用多种感觉通道和多种识记途径，可以提高识记的效果。那些通过我们的多种感官被感觉到的东西能产生最好的记忆效果。对于人脑而言，每一个感觉通道都含有能与新材料建立联系的旧材料。这样，采取多通道进行识记，既有助于知识学习的精确性，也有助于知识的保持和提取。

（三）知识遗忘的过程与原因

1. 知识遗忘的过程

知识的保持是一个动态的过程，人脑所储存的信息在数量和内容上都会发生变化。识记内容在量与质上最明显的表现就是遗忘。遗忘是指识记过的内容不能再认与再现，或者是错误的再认与再现。

2. 知识遗忘的原因

（1）衰退理论

这是对遗忘原因的最古老的解释。这一理论认为遗忘是记忆痕迹随着时间的推移而逐渐消退的结果。从巴甫洛夫条件反射理论来看，记忆痕迹是大脑皮层相关部位所形成的暂时神经联系。如果缺乏强化，条件反射的反应强度将逐渐减弱，最后将完全不出现。尽管许多心理学家对衰退理论提出种种怀疑，并设计许多实验试图加以否认，但至今也没有找到令人信服的证据。记忆痕迹随时间的推移而逐渐衰退、消失的假说接近于常识，容易为人们所接受。因此，衰退仍然被看作导致遗忘的重要原因之一。

（2）干扰理论

这一理论认为，遗忘是因为我们在学习和回忆之间受到其他无关刺激的干扰而造成的。一旦排除了这些干扰，记忆就能够恢复。干扰理论最经典的证据就是前摄抑制和倒摄抑制。先学习的材料对后学习的材料的干扰作用叫作前摄抑制。后学习的材料对先学习的材料的干扰作用叫作倒摄抑制。学习一篇课文，一般总是开头和结尾部分容易记住，而中间部分则容易忘记。其原因是：课文的开头部分只受到倒摄抑制的影响，不受前摄抑制的影响；而结尾部分只受前摄抑制的影响，不受倒摄抑制的影响；中间部分则受两种抑制的影响，因而最容易被遗忘。

（3）同化理论

美国认知教育心理学家戴维·保罗·奥苏贝尔（David Pawl Ausubel）认为，遗忘是知识的组织与认知结构简化的过程。当我们学到了更高级的概念和规律之后，高级观念可以代替或包容低级观念，使低级观念被遗忘，从而减轻了记忆负担。这是一种有着积极意义的遗忘。但在有意义学习中或者由于原有知识不巩固，或者由于新旧知识辨析不清，以原有观念代替表面相同而实质不同的新观念，或者曲解新知识，从而导致记忆错误，则是一种消极的遗忘，在教学中应该努力避免这种遗忘。

（4）动机理论

这一理论认为，遗忘是由于某种动机所引起的，不是保持的消失，而是记忆被压抑。因此，这种理论也称压抑说。弗洛伊德认为遗忘是因为我们不想记忆，而将一些记忆推出意识之外。人们常常压抑痛苦的记忆，以避免这种记忆可能引起的焦虑。这种经验难以回忆既不是痕迹的消退造成的，也不是干扰造成的，因此，通过某些方式（如：催眠或自由联想等）往往能够恢复被压抑的记忆。

（5）提取失败理论

这一理论认为，遗忘是因为失去了提取线索，或者线索错误而导致保持在头脑里的知识信息提取失败。有些人在催眠状态下能回忆起他们平时绝对"遗忘"了的、完全没有意识过的细节。这表明，被我们"遗忘"的材料并没有真正地消失，而仍然储存于我们的大脑中，只是没有被提取出来。

总之，遗忘的原因是多方面的。以上每一种理论都能解释遗忘的部分现象，但不能解释所有的遗忘的现象。因此，对于遗忘原因的解释，应综合考虑以上各种理论。

（四）促进大学生知识巩固的有效复习

复习具有减少遗忘、强化新旧知识联系、促进理解的作用，以及使学习内容条理化、系统化等作用。那些不复习的人是在不断地浪费自己付诸学习上的努力，也使自己处在劣势中。复习时应该注意以下方面：

1. 及时复习

及时复习对知识学习活动而言意义重大。孔子曰："学而时习之，不亦说乎？"俄国19世纪著名资产阶级民主教育家乌申斯基说过，"我们应当巩固建筑物，而不要等待去修补已经崩溃了的建筑物"。根据德国心理学家艾宾浩斯的遗忘规律，遗忘进程呈现先快后慢的特点，因此，组织复习一定要及时，即当天学的课程一定要在当天就安排复习。及时复习可以有效阻止或减缓学习结束后的急速遗忘，具有事半功倍的效果。及时复习无须花费太多时间就可奏效，如果等知识遗忘后再来恢复已经遗忘的知识，那便无异于再学，因而必然会浪费很多时间和精力。

2. 复习时间的适宜

复习时间和次数的正确分配，是记忆获得良好效果的重要条件。复习可以连续地进行，也可以有一定的时间间隔，前者称为集中复习，后者称为分散复习，二者各有特色。集中复习的优点是知识获得比较系统完整；其缺点是因为学习时间较为集中，注意力难以持久集中，容易形成超限抑制，而且可能会导致中间部分的知识难以记忆。分散复习的优点是比较轻松、不易疲倦，注意力能高度集中、不会造成超限抑制，将整体知识分成部分，能更好地利用首尾的首因、近因效应，相对而言增强了整体知识中间部位的记忆效果；其缺点是比较容易遗忘、增加复习时间，而且知识复习不够系统。

在进行分散复习时，每次复习的时间间隔不能过长，时间间隔过长就会造成遗忘，使识记效果降低。一般说来，总的原则是要做到集中复习不感到疲劳，分散复习不至于遗忘。各次复习的安排应"先密后疏"。开始时，一次复习的时间要多一些，复习间隔要密一些。以后随着识记的不断巩固，复习的时间可少一点儿，复习间隔的时间也可长一些。

3. 复习次数的适宜与过度记忆法

一般说来，复习次数越多，记忆的效果越好。因此，过度学习显得非常重要。所谓过度学习，是指在学习达到刚好完全掌握程度基础上的附加学习。一般认为，以150%的学习程度所获得的记忆效果较佳而又较为经济。因此，复习次数并非总是越多越好。如：某学生用10次学习就能背诵所记材料，如果他再学习5次，就达到150%的学习程度。

4. 反复阅读与试图回忆相结合

反复阅读是记忆的一种方法。但是，如果仅是机械的重复并不一定有效，最好是进行整合性的重复，即寻找意义和建立新知识与已有知识间的联系。这就需要在反复阅读的同时试图回忆所识记的材料。试图回忆又称为尝试背诵法，简称试背法。这种复习方式的效果要远远好于单纯反复阅读的效果。这是因为，读背交替是一种积极的心智活动，能加强学习者的注意力，有利于学习者主动性和积极性的发挥，有利于学习者发现学习材料的重点和难点，也有利于学习者及时改正学习中的错误。至于反复阅读与尝试回忆的时间和比例，则要因人、因学习材料的不同而有所不同。

5. 复习方法的多样化

复习不等于简单重复。单调机械的重复会使人备感枯燥乏味，容易使大脑皮层产生超限抑制，不利于知识联系的巩固。多种感官协同参加的感知活动比单一感官进行感知活动的效果要好得多。朱熹指出："读书有三到，谓心到、眼到、口到。"多种感官参与复习，使复习过程成为有看、听、说、做的联合活动，这样就会使多种感觉通道的信息到达大脑皮层，留下"同一意义"的痕迹，并在视觉区、听觉区、言语区、动觉区等建立起广泛的神经联系，从而加强记忆的效果。心理学研究表明，在接受知识方面，看到的要比听到的印象深刻。如果单纯靠听觉，一般只能记住15%左右；如果靠视觉，能记住25%左右；如果将视听结合起来，则能记住65%左右。学生采取多种方式复习时，能从不同的角度巩固旧有知识，他们会感到新颖、有趣，因而容易激发智力活动的主动性和积极性，使所学知识得以巩固。

五、专业知识学习的应用阶段

知识学习的最终目的在于应用。知识的应用是知识学习过程中的重要一环。知识的理解和巩固是知识应用的前提和基础，而知识的应用又可使知识的理解和巩固得到检验和发展。学生通过运用知识解决问题，既检验了学生对知识的理解和保持，也使学生加深了对知识的理解和巩固。应用知识有利于提升大学生学习的兴趣，提高学习效果，发展技能和智力，适应未来时代社会的发展。知识的应用含义广泛，凡是依据已有知识解决有关的问题，都可以称为知识的应用。但教育心理学所讲的知识的应用主要指学生应用所学知识来解决新的练习性问题或生产生活中的实际问题的学习过程。

大学生应用知识的具体形式有很多，其中主要有以下三种：

第一，应用知识去解决有关口头或书面作业问题，如：回答老师和同学的提问、完成课堂和课后作业，这也是学生应用知识的最常用的形式。虽然这种应用形式比较简单，但是只有在这种形式的基础上，才能进一步应用知识，所以这是必不可少的一种应用形式。

第二，应用知识去解决各种实际操作的问题，如：根据老师的要求，示范动作或演示实验完成学习任务。这种形式一般用于巩固已学完的某一部分知识，并在实际操作过程中发现和解决新的问题。它要求大学生在一定范围内应用较多的知识，需要一定技能的配合，还要求大学生有一定的独立操作能力，来处理和解决实际问题。因此，这种应用方式涉及的范围比前一种要更广一些。

第三，应用知识去解决社会生活中的问题，主要包括应用知识参加社会实践活动，如：见习、实习、社会调查、参观访问等。这种形式能根据不同的情况和条件，把多种知识综合起来灵活地加以应用。因此，这种形式是更为复杂、难度更大、独立性、创造性要求更高的应用形式。

第三节 技能学习与教学指导

专业技能的形成对于大学生高效率地学习和掌握知识，对于其发展智力、创造力，提高职业生涯中解决问题的能力，都是非常重要的。高校必须尊重专业人才的成长规律，积极推进教育教学改革，既要让学生学习知识，还要使其形成并提升专业技能，逐步形成开拓进取的创新意识和创新能力。

一、技能学习概述

（一）技能的概念

技能是学习者运用已有知识经验来解决实际问题所需要的技术和能力，它是通过系统练习而逐渐形成的。例如，打字、骑车、游泳、阅读、写作、解题等都是不同复杂程度的技能。技能水平有初级技能和高级技能之分。初级技能是指某项活动方式经过一定时间的练习之后能达到会做的水平。如刚刚学会游泳的人，可以说他有了游泳的技能。又如懂得一些计算机知识、刚刚学会操作计算机的人，就可以说他有了应用计算机的能力。当初级技能经过反复的练习和实践，达到了迅速、精确、自动化的阶段，则称为技巧，此时技能已经达到高级技能水平，比较得心应手，不需要分配更多的注意资源，达到有意后注意的水平。

（二）技能的分类

根据技能的性质和特点，技能可以分为操作技能与心智技能两种。

1. 操作技能

操作技能又称为动作技能、运动技能，是指由一系列外部动作以合理、完善的方式组成的操作活动的方式。如：打字、骑车、使用生产工具等，主要是借助骨骼肌肉运动来实现的一系列外部动作，当这些动作以完善的方式组织起来，并近于自动化时，就称为操作技能。

2. 心智技能

心智技能又称为智力技能、认知技能，是借助内部言语在头脑中进行的动作方式或智力活动方式，如：阅读、构思、心算、解题等方面的技能。心智技能的心理成分包括感知、记忆、想象和思维，但以抽象思维为其主要成分。在认识特定事物、解决具体课题时，这些心理活动按一定的、合理的、完善的程序和方式自动地进行。

操作技能与心智技能二者既有联系又有区别，并可相互转化。外部动作是心智技能形成的最初依据，也是它的经常的体现者。感知、记忆、想象、思维等方面的心智技能又是外部动作的调节者和必要的组成部分。在完成比较复杂的工作任务时，人总是手脑并用的，既需要操作技能，也需要心智技能，如：机床操作、电器修理、手工制图等。它们的区别表现在如下方面：首先，就动作对象而言，操作技能活动的对象是物质性客体或肌肉，具有客观性；心智技能活动的对象是知识和信息，属于主观观念的范畴，具有观念性。其次，就动作执行而言，操作技能的执行是通过外部显现的肌体运动实现的，具有外显性；心智技能的活动是对观念性对象进行的加工改造，借助内部言语进行加工，具有内潜性。最后，就动作结构而言，操作活动的每个动作必须切实执行，不能合并、省略，在结构上具有展开性；心智活动是借助内部言语这一工具进行的，因而心智动作的成分可以合并、省略及简化，从而具有简缩性。

二、技能练习的心理特征

（一）技能的练习曲线

练习是以掌握一定的操作方式为目标所进行的反复操作的学习过程，它是技能形成的基本条件和途径。专业技能是在练习过程中逐步形成和提高的。

技能练习的结果可以用练习曲线来表示。练习曲线又称学习曲线，它把多次练习的次数和练习成绩之间的关系用统计方法进行处理，然后绘制成曲线，用以描绘练习的进程。练习曲线通常用函数坐标图来表示。通过练习曲线，可以看到练习过程中速度、准确性、效率和灵活性等方面的变化和特点。练习曲线通常有四种形式。

第一种形式是表示每次练习所需时间与练习次数之间关系的练习曲线。这种练习曲线通常是下降的，因为随着练习次数增加，一般所需时间是逐渐减少的。从每次练习所需时间的长短，可以看出练习的速度。

第二种形式是表示每次练习的错误量与练习次数之间关系的练习曲线。这种练习曲线常常是下降的，因为随着练习次数增多，练习中发生的错误量会逐渐减少。从每次练习的错误数量，可以看出练习的准确性。

第三种形式是表示工作量与练习时间之间关系的练习曲线。这种练习曲线往往是上升的，因为工作量是随着练习时间的增加而增长的。从单位时间内所完成的工作量可以看出练习的效率。

第四种形式是表示正确率与练习时间关系的练习曲线。这种练习曲线通常是上升的，因为随着练习次数的增加，完成操作的正确率也在不断增加。

在技能练习过程中，总的来说，练习成绩是逐步提高的，练习曲线也呈上升趋势。但是，学习不同专业技能时所获得的练习曲线是极其多样化的。甚至同一个人在完成相似的操作任务时也难以得到相同的练习曲线。从练习进程的总体趋势来看，有的表现为先快后慢；有的则表现为先慢后快；还有的表现得前后变化不大，比较一致。通常，技能练习成绩是波浪式上升的，有时可能迅速进步，有时可能进步缓慢或没有进步，有时甚至可能退步。在一些较复杂的专业技能的形成过程中，练习的中后期常常会出现成绩暂时停顿的现象，这就是练习曲线上的"高原期"现象。

麦克唐纳（Mac Donald）综合了各种技能的学习和各种不同的学习条件下职业技能的形成进程，提出了职业技能学习的"六段学习曲线"，即把职业技能学习的总过程分为六个阶段：A 为无进步阶段；B 为迅速进步阶段；C 为学习速度逐渐减慢阶段；D 为高原阶段；E 为再次缓慢进步阶段；F 为再次缓慢进步并临近极限阶段。这个学习曲线并不是从哪一种具体的职业技能的学习进程中描述出来的，它只是说明职业技能学习进程具有上述六个阶段的可能性。这个综合模式对于判断练习阶段或者根据判断来考虑练习的指导方法，是有一定的参考价值的。

（二）操作技能练习的心理特征

心理学家将初学者和熟练者完成同一任务的操作过程加以比较，发现熟练的操作具有以下特征：

1. 操作的有意识控制程度减弱

在操作技能形成的初期阶段，内部语言起着重要的调节作用。这时，技能的各种操作都受意识控制。如果意识控制稍有减弱，操作就会出现错误或停顿，难以继续。随着技能的稳定发展，到了操作熟练阶段，整个操作系统已经是相对自动化了。学生的操作控制从有意识向无意识转化，操作的有意识控制程度逐渐减弱而由自动控制所取代。

2. 利用线索的减少

在操作技能形成初期，学生只能对那些很明显的线索发生反应，他不能觉察到自己操作的全部情况，难以发现自己的错误。但是，随着操作技能的形成，学生能觉察到自己操作的细小差别，能运用细微的线索，使操作逐渐完善。当技能非常熟练时，学生就能根据很少的线索完成操作。此时，学生头脑里已储存了与特定的一系列线索有关的信息，当某一线索出现后，学生便能预测出会发生怎样的操作。因而，随着操作技能的完善，利用的线索逐渐减少。

3. 动觉控制的加强

动觉控制与熟练操作技能的形成有密切联系。初学者主要依据外部反馈来调节自己的操作，而熟练者主要依据动觉反馈来协调自己的操作。在操作技能形成之后，学生借助操作程序来控制操作的进行。此时，视觉、听觉等外部感觉系统反馈的作用降低了，但动觉控制的作用不断加强。在操作熟练阶段，动觉反馈是操作程序的控制器，它保证着操作技能的稳定发展和完善。

4. 运动图式的形成

人脑类似于计算机，可以储存复杂的操作技能的程序，可以向肌肉发出一系列执行操作技能的正确指令。这些程序被称为运动图式，其内在机制可能是在人脑内储存了这种指导程序。运动图式是经过长期的练习而形成的有组织的系统性知识和程序性知识。在技能经过充分练习的情形下，神经系统中的程序很少需要知觉系统的监视，可以自行连续运行。在长时间的练习过程中，运动图式随着练习而不断精练，反应方式精确，操作流畅，好像完全自动化了。在活动之前，这些运动图式构成了一种总的运动图式，并在无反馈的情况下使活动进行下去。

5. 错误不断减少，在发生之前基本被排除

在操作技能形成的早期阶段，由于对操作的要点和注意事项没有完全领会，在操作的规范性和操作之间的连接上会产生很多错误。任何领域新手在一开始行动时，可能都会产生各类错误观念，并遇到各种看似无法解决的困境。随着大量的练习，操作逐步变得高度熟练和自动化，此时错误不断减少。在连续的操作技能中，学生会不断进行尝试和校正。

6. 预见和应变能力的增强

在连续的操作技能中，学生可以根据丰富的操作经验、运动图式、细微的操作过程和周围环境的信息，对下一步操作进行预测，表现出较强的预见性和应变能力。这样，可以将合理的操作继续执行下去，而将错误的操作排除在发生之前。在操作技能的熟练阶段，由于学习者有较强的应变能力，即便他们面对各种复杂的情况，也会做出合理的应对措施。熟练的学习者即使在不利条件下，也能保持正常的操作水平。表现出同样操作水平的人，其熟练程度可能有所不同。检验谁是最熟练的操作者的最好方法就是看他在条件变化时是否能继续保持正常的操作水平。

（三）心智技能练习的心理特征

心智技能是借助内部言语在头脑中进行的活动方式，它是按照合理完善的程序组织起

来的。心智技能主要有以下特征。

1. 心智技能的对象脱离具体支持物

心智技能的活动对象不是具有一定物质形式的实际物体。在心智技能形成的后期阶段，其对象甚至也不是实际物体的模象，而只是这些物质活动或物质化活动在头脑中的主观印象。这些主观印象是客观事物的主观表征，是知识、信息。心智技能潜藏于人的内部，无法从外部直接观察到，因而难以通过直观演示的方法教给学生。

2. 心智技能的进程压缩化

心智技能的活动形式并非外显的行为活动，而是在头脑中借助内部言语默默地进行的，只能通过其作用对象的变化而判断其存在，它是一种非外显的内在活动。心智技能的结构是压缩的、简约的，难以使人觉察其活动的全部过程。它是一种非扩展性的、自动化的过程。

3. 心智技能应用的高效性

心智技能的结构是压缩的、简化的，因此，不必将所有的动作或言语逐个表现出来。心智技能活动能够根据一定课题，自动化地提取课题所需要的知识信息，分析和解决问题，这样能够节约时间，提高智力活动的效率。

三、技能学习的心理过程

（一）操作技能学习的心理过程

操作技能的形成是通过练习逐步掌握某种操作方式的过程。复杂操作技能的形成，一般经历以下四个主要阶段：

1. 认知阶段

操作技能形成的初期为认知阶段，这是操作技能形成的重要环节。认知阶段的主要目的在于通过观察他人的示范或接受指导，来了解和认识操作活动的基本结构与要求。学生对所学的操作技能有了初步认识，就能在头脑中形成操作印象。具体来说，此阶段就是让学生通过观察、听讲、阅读等方式，对操作学习任务及其完成方法等形成初步的认识，了解"做什么"和"怎么做"。认知阶段的长短取决于操作技能的性质和复杂程度。在认知阶段，大学生在教师的讲解、示范的基础上，或者自己根据活动目的、任务，对所学操作技能的性质、要点和注意事项等进行分析和了解。处于认知阶段的操作不够稳定和协调，速度较慢。此时，学生的操作在意识控制下进行，能初步运用反应结果的反馈信息。

2. 操作分解阶段

在这个阶段，学生开始能将完整的操作技能分解为若干个局部的、个别的操作，然后理解每个分解操作的基本要求和特征，对各个分解操作逐个进行练习。在这个阶段，学生的操作显得紧张忙乱、顾此失彼、呆板而不协调，并可能会出现多余操作。他们难以觉察自己操作的全部情况，因此，不易发现操作过程中的错误。

3. 操作联系阶段

操作联系阶段的主要特点是经过反复的练习或实践，使已掌握的局部的、个别的操作联系起来，形成比较连贯的整体操作，最终把知识由口头或书面的形式转化为操作性的技能。但是，各个操作之间的联系尚不紧密，从一个环节过渡到另一个环节，即实现操作转换时，常出现短暂的停顿现象。这时，动觉信息对于操作的联系和调节起着重要作用。动力定型开始形成，视觉控制作用逐渐减弱，操作相互干扰不断减少，紧张程度减弱，多余操作逐渐消失。由于技能接近形成，学生发现错误和纠错的能力也在不断增强。

4. 自动化阶段

在这个阶段，各个操作联合成为一个完整的、自动化的操作系统。自动化阶段的主要特点是各个操作相互协调，操作能够按照准确的顺序以连锁反应的方式实现。在执行操作时，意识的调节作用大大降低，肌肉运动感觉的作用占主导地位，视觉控制进一步减弱。此阶段学生的操作已协调、完善，紧张状态也已经消失，注意范围扩大，并能根据情境的变化，自觉、适当地调整操作技能。

（二）心智技能学习的心理过程

心智技能活动是专业技能实践活动的反映，因此，心智技能的培养，首先必须确定心智技能的实践模式或操作活动程序，即确定心智技能的"原型"。为了使心智技能的原型模拟达到培养心智技能的目的，须在专业实践中找到一个实际的操作活动作为练习心智技能的模型，通过对模型的培养使原型得到锻炼。

苏联心理学家加里培林（Пётр Яковлевич Гальперин）将心智技能形成过程分为五个阶段：一是动作的定向阶段；二是物质活动或物质化活动阶段；三是出声的外部言语动作阶段；四是不出声的外部言语动作阶段；五是内部言语动作阶段。我国心理学家冯忠良根据有关研究并结合教学实际，将上述五个阶段进行了优化和改进，提出了心智技能形成的三阶段说，即原型定向、原型操作和原型内化。

1. 原型定向阶段

此阶段是使学生掌握操作性知识的阶段。学生的主要学习任务可以归结为两个方面：

一方面是要确定所学智力技能的操作活动程序，另一方面要使这种活动程序在头脑中得到清晰的反映。教师通过此阶段的教学，努力使学生建立起关于活动的初步的自我调节机制，从而为进行实际操作提供内部控制条件。教师要通过言传身教，使学生了解智力活动的结构要素，了解智力活动的执行顺序和方式方法，并采取有效措施创建良好的学习氛围，发挥学生学习的自觉性、主动性和独立性。教师的示范要正确，讲解要确切，动作指令要明确。教师可以用复述动作要领的方法来检查原型定向的学习成效。

2. 原型操作阶段

通过原型操作，可以使学生依据智力技能的实践模式，把自己在头脑中已经建立起来的操作活动程序计划，以外显的、展开的操作方式付诸实施，从而使学生不仅有了程序性知识，而且通过实际操作获得了比较完备的动觉印象，这就为随后的原型内化阶段奠定了良好的基础。为了使心智活动方式顺应内化，主体动作的执行应注意与语言相结合，一边进行实际操作，一边用言语来标志和组织动作的执行，同时注意活动的掌握程度，并适时向下一阶段转化。

3. 原型内化阶段

在此阶段，智力技能的实践模式向头脑内部转化，由物质的、外显的、展开的形式向观念的、内潜的、简缩的形式转变。为使操作原型成功地内化成心智技能，在开始阶段，操作活动应在言语水平上完全展开，即用出声或不出声的外部言语完整地描述原型的操作过程。然后，再依据活动的掌握程度逐渐缩减，其中包括省略一些不必要的动作成分与合并有关的动作。在由出声到不出声、由展开到压缩的转化过程中，也要注意活动的掌握程度，不能过早转化，也不宜过迟。

四、技能学习的教学指导

具体而言，高校教师针对大学生操作技能和心智技能的形成过程，需要根据不同阶段进行针对性的教学指导。

（一）大学生操作技能的教学指导

1. 明确操作技能学习的目的和任务

在大学生操作技能的形成过程中，教师要注意操作技能学习的目标、任务的可行性和现实性。教师必须使大学生能够理解学习情境，明确操作技能学习的目的和任务，这样能使大学生从整体上来把握和学习操作技能。

练习是一种有目的、有计划、有组织的学习过程，它不同于单纯的、机械的重复，不能盲目地进行。因此，教师要指导大学生理解学习的目的和任务，在此基础上形成一定的作业期望，以使大学生对自己要掌握的操作技能有一个明确的期望和目标。一般说来，有明确期望和目标的操作技能学习比无明确期望、无明确目的、任务模糊的学习更为有效。提高大学生练习的自觉性和主动性是顺利完成练习、形成操作技能的内部动因。目标和期望的提出既要考虑到任务的难易，也应考虑到大学生的实际情况。因此，教师要注意目标的可行性和期望的现实性。

2. 给大学生以正确的操作示范

在大学生操作技能的学习过程中，有时是"只可意会，难以言传"的，仅靠言语指导难以传递特有的节奏和动感。这时，要使大学生充分理解和把握技能，教师需要一边示范一边让大学生反复跟着练习，同时还应向大学生指出技能的操作要领。教师的操作示范对大学生的技能学习有重要影响，教师要使大学生注意观察并理解操作技能的正确示范。教师在进行操作示范的同时，要一边"身教"，一边结合"言传"，这是帮助大学生理解和形成操作技能的有效方法。

在操作技能学习的初期阶段，要使示范有效，示范操作必须慢速、逐步分解进行。这是因为初学者在刚刚接触一项新的操作技能时，往往顾了手就顾不了脚，抬起腿却忘记了收手。他们很容易因为新的信息量过多而"超载"。当"超载"发生时，操作学习就非常困难，可能就会由此终止。

3. 指导大学生掌握正确的练习方法

练习是以掌握一定的操作技能为目标所进行的反复操作的学习过程。这里的练习是指有意练习，即练习者以改进和提高其操作水平为目的，而且这种练习并不一定是快乐、有趣的，往往需要付出一定的意志努力。研究发现，练习的不同方法对操作技能的学习有重要影响。在科学练习方法的指导下，随着练习次数的增加，进行某种操作活动的速度加快、准确性提高，从而使得操作技能水平不断提高。因此，教师应根据操作技能的性质和难度，大学生的技能水平、运动能力、年龄和体力等因素来指导大学生掌握正确的练习方法，进行有计划、有步骤的练习。

4. 给予及时合理的反馈

有人曾经做过这样一个实验来证明反馈对射击成绩的影响。在射击每一发子弹后，告知第一组被试射击的环数和偏向情况，如："9环、偏左下""8环、偏上"等；只告知第二组被试环数，如："9环""8环"；不给予第三组被试任何反馈。结果发现，第一组被试的射击成绩最高，第二组略低一些，而第三组最差。每次练习之后，教师要使大学生知道自己的成绩和错误，知道自己哪些操作做对了，哪些操作做错了。然后，再通过练习把做对的操作巩固下来，把做错的操作舍弃掉，这样就可以使正确的操作得到巩固，错误的操作得到克服，从而有效地促进技能的形成。为此，教师要加强对大学生练习的指导，及时、详细地告知大学生练习的正确结果，同时帮助大学生分析错误的性质与数量及错误的原因，并找出改进方法，这会明显地提高练习效率。

此外，教师还应引导大学生做合理地自我反馈。自我反馈就是大学生自己对照操作技能的练习目标和要求，进行自我评价后获得信息的反馈。有条件的大学生可以通过重放录音、录像的形式来进行自我观察。

（二）大学生心智技能的教学指导

1. 促进学生程序化知识的形成

在解决具体课题时，智力技能的活动按一定的、合理的和完善的程序和方式自动地进行。因此，程序化知识的形成有助于学生发展智力技能。为了促进学生智力技能的形成，教师要利用讲解和示范，引导学生分析、综合、概括、抽象，并在此基础上，掌握解答各类课题的原则、方法、途径和步骤，避免盲目的尝试和猜测，帮助学生形成一定的程序化知识。

2. 促进产生式知识的自动化

现代认知心理学认为，人经过学习，会在头脑中储存一系列的以"如果……则……"形式表示的规则。这种规则称为产生式，相应地，这一类知识称为产生式知识。受意识控制的产生式知识是由一系列未达到自动激活程度的产生式构成的。自动化的产生式知识是由经过充分练习而能自动激活的产生式系统构成的，也可称之为经过充分练习而达到熟练的技能。

3. 加强学生的语言表达能力训练

由于智力技能是借助内部语言而实现的，因此，语言表达能力对学生的智力技能的发展具有非常重要的作用。教师要在学生熟悉操作的基础上，再提出语言要求，注重"言传"，以语言来标志所学操作，并组织操作的进行。在用语言来标志操作时，用词要恰当，要注意选择具有表现力又能为学生轻松接受的词语来描述操作。随着学生智力技能发展的深入，教师要引导学生不断改变语言形式，如：由出声到不出声，由外部语言转向内部语言。

4. 指导学生科学练习

有效的练习是紧紧围绕基础理论，有重点、有目的、有步骤、有指导的活动。为提高练习的成效，必须注意以下几点：第一，明确练习的目的要求；第二，掌握正确的练习方法；第三，充分利用练习中的反馈强化作用，即让学生知道自己的学习结果；第四，练习要有计划、有步骤地进行。

第六章 高等学校科学研究

第一节 高等学校科学研究的意义与任务

一、高等学校科学研究的意义

随着科技的发展，知识经济时代的到来，高等学校科学研究越来越具有重大的意义。在此，从意义的指向这一角度，将高等学校科学研究的意义分为内部意义和外部意义，前者指高校科研对高校、对高等教育本身的意义，后者主要指对社会、对国家的意义。

（一）内部意义

1. 人才培养的意义

高等学校的科学研究是发展学生智能、培养创新能力的重要手段。近年来，创新精神和实践能力越来越受到重视。只有教学与科研相结合，才有望培养出创新人才。一方面，要在科研过程中进行教学，通过科研带动教学；另一方面，要在教学中加大探索性因素，进行研究型教学，把科学研究真正贯穿教学过程之中。可以说，科学研究是培养创新人才的根本途径。

科学研究的创造性决定了其在创新人才培养中具有重要的意义。通过在教师的指导下进行科学研究，可以使学生养成敢于创新、乐于创新的个性，并在实践中提高其创新能力。通过组织学生进行科技咨询服务，进行学术交流，将他们的科技成果运用于社会，不但有利于提高学生的自信和自我效能感，而且有利于扩大学生的知识面，提高其社会交往、自我表现等多方面的综合能力和素质。因此，从一定意义上说，科学研究是提高人才培养质量的重要支撑点。

2. 教师队伍建设的意义

高等学校的科学研究是提高教师综合素质和科技水平的重要途径。在知识更新加速、信息传播全球化的现代社会，一个高校教师只有通过科研活动，长期保持创新的活力，才能深刻地了解当前社会对高校的动态需求，全面地把握本学科的国内外发展趋势，走在时代的前列。同时，通过科研，有利于教师准确地认识自己所教课程在整个学科中的地位及本课程与其他课程之间的联系，掌握课程内部的逻辑关系，从而把最新的现代科技成果及时地反映到教学中去。

通常说来，科研上出色的教师在教学中也比较优秀，这一事实表明科研与教学之间存在着普遍的联系。当然，人各有专长、各有喜好，有些教师科学研究能力强一些，有些教师教学能力强一些，这也在情理之中。但是，一个教学能力强的教师如果能保持着对本学科前沿的关注，在教书育人的同时不放松科学研究，那么他便会成为更优秀的教师，而不是相反。

3. 学科建设的意义

一流的高校必有一流的学科，一流的学科离不开一流的科研。一个学科能否发展成为重点学科，主要看其研究成果能否达到国际或国内领先水平和有无堪称"国家队"的学科梯队，实现这些目标都离不开科学研究。此外，随着社会发展、科技进步，各种研究成果会大量涌现，新兴学科会不断产生。而新学科产生的基础是科学研究，这是有目共睹的事实。麦克斯韦的电磁学、爱因斯坦的相对论、玻尔的量子力学、维纳的控制论等，无一不是在科学研究的基础上创立的。科技发展到今天，在不断分化的同时，又有不断综合的趋势，各种交叉学科、跨专业学科不断涌现。当今时代是创新的时代，是不断开拓新研究领域的时代。高校科研对学科建设大有用武之地，是孕育优秀学科的孵化器。

4. 经费筹措的意义

对于高校本身来说，科学研究是一个自主筹措资金的重要渠道。其一，承担各种课题、科研项目会有各种基金的资助。其二，依托高校的科学研究创办的各种高新技术企业也为高校缓解了经费紧张之急。其三，各国政府都在不断加大对高校科研和开发的资金投入，如，美国联邦给高等学校基础科研的投资最低限度和国家的科研和开发经费的增长保持同步，并且"保证大学基础科研经费的连续而稳定的增长。此外，还建立'科研设备基金'，以保证大学更新设备"[1]。如果没有科学研究，美国政府对高校的这些投入可能吗？其四，在多渠道筹措办学经费的今天，各高校经费的一个很大来源是社会赞助。如果高校没有卓著的科研成果，能吸引到如此之多的社会赞助吗？

（二）外部意义

1. 提升国家的科技水平，繁荣学术文化

高校是培养人才，生产和传播新知识、新思想的重要基地，在国家创新体系中具有十

---

[1] 王英杰．美国高等教育的发展与改革 [M]．北京：人民教育出版社，2002：100．

分重要的地位。我国高校的科学研究撑起了全国科学研究的半边天，成为我国科技发展的顶梁柱。从某种意义上说，高校的科研水平代表了国家的科研水平。高校科学研究在提升国家科技水平、繁荣学术文化方面具有十分重大的意义。

2. 服务社会，创造巨大的经济与社会效益

高校的科学研究课题，特别是应用研究和开发研究的课题，通常来自社会生产和生活各个方面的需要，在研究的过程中，往往与其他各类单位进行联合，其成果也能很快应用于实际领域，产生巨大的经济效益与社会效益。在美国，最有名的当数围绕斯坦福大学而建立起来的硅谷及以麻省理工学院为核心的"大学—工业联合计划"。在中国，北京的中关村、武汉的东湖区、长沙的岳麓科技园等，都堪称高校科研直接服务社会的典范。这些高新技术产业园区或以一所著名高校为依托，或以一批颇具实力的高校为背景，极大地推动了我国高新技术的产业化进程。几乎任何一所高校都是通过科研成果的转化而更好地实现高校的社会服务职能。

3. 解决国际学术难题

国际上的不少学术难题都是通过高校的科学研究而解决的。一方面，高等学校由于学科门类多，有利于不同学科领域的相互渗透，在一些跨学科的重大课题的研究方面具有优势，特别是那些综合性基础研究课题更是高校科研的拿手好戏；另一方面，高校是智力高度密集的场所，有利于各种信息资源的交流与共享，同时，近年来校际乃至国际的教育、学术和文化交流逐步扩大，高校易于形成良好的学术环境。这种环境有利于国际性重大学术难题的解决。

二、高等学校科学研究的任务

高等学校科学研究具有双重任务——为经济建设服务和为培养人才服务，即既出成果又出人才。具体而言，主要包括以下方面：

（一）承担国家的重大科研课题、关键项目的任务

高等学校应积极参与国家各级各类科技发展规划的设计、研制工作，并同国家科学研究体系其他方面明确分工、积极协作，承担这些规划中涉及的重大科学技术问题研究，特别是主动组织力量，承担国家建设中一些关键项目的攻关课题。目前，我国高校科研管理在这些方面取得了一定成绩，但其潜力远未完全挖掘出来，高校应加强重大科技问题研究并力争取得重大成果，以维护和巩固、拓展国家科技体系主力之一的地位，充分发挥在推动国家科技创新中应有的作用。

（二）解决经济社会发展中的重大理论和政策问题

高等学校应踊跃参与国家哲学、社会科学发展规划的制订工作，并承担其中的主要研究任务。如：我国社会和经济可持续发展战略问题、社会主义精神文明建设问题、教育发展战略问题、国家体制改革问题、全球化问题和构造世界新秩序等许多重大国际国内问题。高等学校通过积极承担这类国家经济社会发展中各个领域的政策研究、对策研究、问题研究和成因研究，发挥政策咨询服务功能，从而促进社会科学理论与现代化建设有机结合，加速各类决策科学化、民主化进程。

（三）以基础研究为重点，积极开展应用研究和开发研究

高等学校有从事基础研究的优势并积累了丰富的经验，应重点解决未来经济社会发展中的基础理论和技术问题，创立新技术和方法，注重发展新型带头学科、交叉学科和应用基础学科，支持自然学科和社会学科的健康发展。高等学校的基础研究任务不仅包括自然科学技术方面，而且包括社会科学基础研究，如：法学、政治学、社会学、文学、史学、伦理学等方面的基本理论。同时，为了更有效地服务于两个文明建设和社会进步，高校还应积极地进行应用研究和开发研究，着眼于生产建设中亟须解决的研究课题，在实践的基础上从理论上加以提高，进一步促进和推动社会经济发展。唯其如此，才能把高校建设成基础学科、应用学科和技术学科的重要研究基地。

（四）优化资源配置，直接为经济社会发展服务

为适应经济、科技和高等教育发展趋势，高校必须克服教育、科研、生产相脱节与工作过于分散、低水平重复的"小科学"状态，走向产学研结合、多学科研究结合的"大科学"研究境地。在知识经济时代，高校不仅要生产知识，而且要创新技术、传播与应用知识技术，以技术开发为前提，以市场需求为导向，以直接为经济服务和追求高效益为目的，一方面在企业建立教学科研实践基地，一方面开放校门允许企业在高校建立研究机构，促使科技成果向现实生产力转化、向企业转移。高校独立进行的技术创新与开发，则应走高技术产业与技工贸一体化道路，或走自己创办高技术企业，直接进入市场的企业化经营之道。

（五）开展教育科学研究

国家强盛在于科技创新，科技发展在于人才，人才培养在于教育，高等学校处于教育系统的最顶端，理应研究许多教育方面的重大课题。如：新时期教育与政治、教育与经济的关系，人才需求的预测，教育体制与结构的调整，教育基本理论，学校管理，教育发展

史，比较教育，多元化办学，全面贯彻教育方针，培养创新精神与能力，等等。重视并研究这一系列课题，对于在马克思主义指导下吸收各国教育发展经验，总结新中国成立以来的教育实践，逐步形成具有中国特色的社会主义教育体系，从而适应和促进社会经济发展具有十分重大的意义。

第二节 高等学校科学研究的类型与课题申报

一、高等学校科学研究的类型

从不同的角度可以把高等学校的科学研究划分为不同的类型。不同的研究类型有不同的研究要求与目标。在科学研究中只有懂得不同类型课题的研究特点，才能有的放矢，更好地取得研究成果。

（一）从课题来源分

从项目的来源可分为高校教师自主研究与立项课题研究。

自主研究，又称自选课题，是指高等学校教师或研究人员根据自己的爱好、兴趣，自由地选定某个课题作为自己的研究领域，围绕这一领域自主进行研究，因而动力是源自研究者内部，无须外界的物质刺激。这种研究通常并不须科研主管部门的批准，也无须立项，具有很大的随机性和灵活性。对于最终的研究结果也没有硬性规定，不必接受主管部门的检查和验收。研究人员也是自愿组合，可以是志趣相投的几个人通过一定的分工、协作进行研究，也可以是单打独干。由于没有经费和物质条件做保障，也没有严格的管理，因而这类研究往往显得有些松散，在很大程度上影响了研究的成效。但是，这类研究由于研究者的自主性大、积极性高、自觉性强，且出于内部良心引领，也能出创造性、突破性的大成果。

立项课题则是通过课题申报，在科研主管部门立项的课题研究。这类研究目的性和计划性强，在什么时间内实现什么研究目标都有明确的规定。这种研究往往要在原有研究基础上申报立项，申报成功之后要开题、制订研究计划和方案，接受主管部门的中期检查和验收，最后结题、鉴定，环环相扣，井井有条。由于这种研究既有物质保障，又有政策支持，按理来说，更易出成果。近现代以来，一些重大的发明、发现都产生于立项研究。但是，立项课题也存在一些不利因素。由于项目要立得起来，往往受很多因素影响，特别是受一个国家的政策导向和时代风尚所影响，因而容易跟风，一些与时局不太协调的研究项目可能不容易立起来。

（二）从课题性质分

按研究课题的理论性和应用性程度，或是与现实联系的密切程度，可以分为理论性研究和实践性研究。但更为常见的是分为基础研究和应用研究，有时则进一步细分为基础研究、应用研究、技术开发研究和基础性应用研究。

基础研究主要是为了获得关于现象和可观察事实的基本原理的新知识而进行的实验性或理论性的研究活动，它不以任何专门的或具体的应用或使用为目的。

应用研究主要是为了获得新的知识并服务于应用目的而进行的创造性的研究活动，它主要是针对某一具体的实际目的或目标。

技术开发是利用现有的科学技术原理，为生产新的材料、产品和装置，建立新的工艺、系统和服务，以及对已生产和建立的上述各项进行实质性的改进，或者进行生产要素的重新组合而进行的系统性的工作。

基础性应用研究是应用研究的一部分，但是这部分与其他的应用研究相比，前提性较强，主要是为了谋求获得新的知识，与科学理论体系的关系更为密切，而其他应用研究的研究对象常常是以技术为主体。

除此之外，还有很多分类方法。如，根据研究成员的多寡可分为个体研究与集体研究。根据学科类别将科学研究分为两大类：自然科学研究与人文社会科学研究。前者也常称为理工农医类研究，任何国家都很重视这类研究，甚至不少人认为只有这类研究才称得上是真正的科学研究。后者又有哲学社会科学研究、社会科学研究等多种称法。还可在这两大类的基础上再进一步细分，教育科学研究是人文社会科学研究的一部分。

二、高等学校科学研究课题申报

科学研究课题的申报是立项课题研究的第一环。申报项目的命中率，不仅与申报学校与申报者的整体研究实力有关，而且也与学校的科研管理能力和水平有关。通常来说，课题申报要注意以下两个环节：

（一）科研选题

科研选题就是形成、选择和确定所要研究和解决的课题。科研选题的好坏不仅关系到科研项目能否立项，而且关系到科研成果的理论水平和应用价值以及科研经费的投资效益。

1. 科研选题的导向

根据科学研究的不同类别，科研选题主要有以下三种导向：基础研究选题主要以科学发展为导向；应用研究和技术开发的选题以市场需要为导向；基础性应用研究选题则将市场导向和科学发展导向相结合。

2. 科研选题的方法

问题法。通过在社会、经济、文化、科技等领域中寻找新问题，并同相关的学科相结合，提出项目意向、策划项目。例如，通常说的到市场、企业中去跑项目、找课题，就是利用问题法来策划项目。

移植法。是指将一门或几门学科的研究方法移植到另一门学科中，或者把这门学科的理论、思想、概念和方法运用到另一门学科问题中，成为研究另一门学科的有效手段，策划出新的科研项目。

交叉法。在不同的学科边缘和学科交叉地带寻找新的课题，策划出跨学科的项目，组织人员联合攻关，从而取得重大科研成果。

追踪法。不断地追踪学科发展过程，掌握学科发展的方向和动态，瞄准学科发展的前沿课题。在学科的诞生阶段，主要侧重于策划理论性项目；在学科的发展阶段，主要侧重于基础性项目；在学科发展的成熟阶段，重点是应用开发项目；针对学科发展的阶段策划出各种类型的科研项目。

3. 科研选题的步骤

首先，研究人员必须仔细阅读有关项目申报通知材料，掌握申报范围、条件、要求等。例如，项目指南具有明确的导向性和可行性，在认真解读和吃透精神的基础上，按照项目指南的框架确定项目，无疑可有事半功倍之效。

其次，通过阅读大量文献资料，了解国内外这一领域的研究现状，弄清楚所须研究和解决的问题、在国内外是否已有人研究过、有关的最新成果以及存在的问题等。

最后，研究人员进一步研究项目意向的内涵与外延以及相关因素，围绕项目意向收集的资料和信息，实事求是地估价和评判自身的研究能力，扬长避短，充分发挥自身及所在地区、高校的优势和特色，从新的角度和高度提出具有创造性的科研项目。

（二）项目设计

一个完好的项目设计，通常要注意以下几个方面的内容：

1. 申报项目命题

研究人员在确定选题范围的基础上，构思出一个好的题目，是做好项目设计的重要一步。项目题目是项目的灵魂、核心、主题，是项目研究的出发点和归宿。项目题目，是项目研究主要内容及价值意义的集中体现，要求简明扼要、用词准确、易于理解。

2. 项目组成人员

在组建项目组时，既要克服"单兵作战"现象，又要克服"人员挂名"现象。提倡把跨学科、跨专业或者同学科、同专业的老中青研究力量联合起来申报项目，并最好选择某一研究领域的专家教授或者学科带头人作为项目负责人。

3. 合作单位选择

一般而言，项目申报者根据项目研究的实际情况，确定是否需要有合作单位。例如，理工农医类应用研究科研项目的申报，若有实质性的合作单位，则往往会增加申报项目的命中率。因为科研主管部门十分注重项目研制成果的出路问题，如果有较好的合作单位，项目成果被应用推广的可能性就比较大。同时，对于那些规模、知名度、科研力量等方面比较薄弱的地方院校来说，有意识地寻找一些知名高校或有实力的研究机构作为合作单位联合申报项目，不仅会增加项目获批的概率，而且在研究中取长补短、互相学习，有利于增强研究实力，提高科研水平。

4. 项目研究基础

科研项目的提出和设计，不能是一时的冲动，而应是一种科研实力的较量和竞争，必须以令人信服的研究成果、资料准备和实验条件作为基础。因此，申报者必须尽可能地提供与项目研究有关的资料，尽可能地让评审专家相信项目组成员的研究能力。

5. 项目立论依据

项目立论依据是指项目的提出要有科学根据。这就要求申报者在大量查阅国内外文献资料、广泛调研的基础上，把国内外这方面的研究现状、水平、发展趋势和存在的问题以及申请者对此的思考进行综合和分析来证明确有立项研究的必要。对涉及该项目研究领域的已有研究成果，要求做出恰如其分、实事求是的评价，千万不能因为要突出项目研究的价值，而不负责任地、随心所欲地贬低前人和他人的研究成果。需要表明项目研究既是对前人、他人研究成果的继承和深化，又有所创新、有所超越。

6. 项目研究内容、方法和手段

研究内容就是研究项目需要重点解决的问题，要达到的预期目标、取得的成果、应用前景和社会经济效益。研究方法实际上是实施项目的办法，包括理论分析、实验论证、操作程序等一套完整的计划方案；研究手段是对研究所采取的技术措施，要尽量采用先进可行的技术措施，使人对你完成项目的能力有足够的信心。所以无论是研究内容，还是研究方法与手段的论述，都要求突出重点、明确、具体\有条理。

7. 项目意见填写

关于项目研究的专家推荐意见和领导部门意见，评委也非常重视，因为专家和领导部门都具有权威性。专家推荐意见是申报项目领域较有权威的专家学者客观评价该项目及申请人员的能力水平的依据，专家不能以一句"具有重大意义，本人愿意推荐"了事，而要具体分析该项目的研究成功可能性以及理论和实践意义等；领导部门意见也不能只填写"同意申报"，而要对申报项目和申报人员做出合理的评价，从客观上反映申报项目各方面的条件，表示单位将给予充分支持。这样对项目获得批准也能助一臂之力。

另外，项目设计的文字表述要尽可能通畅、规范，打印材料的用纸、格式及份数等要符合申报的要求，力求在外在形式上保证项目设计的美观、大方，给项目审批者以良好的视觉印象。

第三节 高等学校科学研究的原则与组织

一、高等学校科学研究的原则

高等学校科学研究的原则是高校教师和科研人员在科学研究过程中应遵循的一些基本要求，这些要求是根据高校科研方针、任务、特点，并在长期的实践基础上抽象概括而形成的。主要包括以下几条原则：

（一）教学与科研互促性原则

高等学校教学与科研客观上存在深刻的内在联系，从知识的生成来说，二者是"源"与"流"的关系，从培养人才意义上说是基础与提高的关系。一方面，高等学校通过教学不仅为科技事业培养大批高层次人才，而且培养这些人才过程本身为开展科研工作提供了良好环境，既可利用高年级本科生、研究生这支自然流动更新的有生力量，又有利于活跃科研人员的学术思维，使研究成果广泛扩散与传播；另一方面，高校教学有赖于科研支持，科学研究以探索自然和人类社会获得的新知识、新技术，不断丰富革新教学内容和手段，成为教学进步最重要的驱动力；科学研究为提高教师水平和学生实践能力提供了最佳的训练场所和机会，是创造型人才培养不可缺少的重要环节和手段。可见，教学与科研相互依赖，相互促进，相辅相成，共同发展。人才、资源和设备既用于科研，又用于教学；既出成果又出人才,一份投入两份收获,有利于综合效益的提高。高校在贯彻科教兴国战略中,应采取以教兴科、以科兴教、科教结合振兴国家的发展方略。从指导思想、确定方向、选择课题到组织实施,都要坚持走教学与科研相统一的道路。

(二)社会经济效益与学术水平相统一的原则

科技活动的最终目的是发展生产力、提高人民的物质和精神生活水平。高校的科学研究,特别是应用研究,应当从立项开始就摸清市场有无需要、企业能否投产、有无经济效益等情况,尽可能做到技术推动与市场需求拉动相结合。脱离国内实际,单纯从学术、技术出发,或盲目追求国际先进水平都会导致科技资源的浪费。高校教师及管理人员必须在科研过程中不断与市场、企业等需求方保持密切联系,并随时调整有关项目。对于那些能够解决社会发展和经济建设中重大理论和实际问题的研究成果,应该给予支持。学校要采取措施鼓励教学、科研人员,从经济建设和社会发展的实际中去选择科研课题,并且主要以解决实际和理论问题的经济和社会效益作为对教师和科研人员的考核和奖励依据之一。对于一时看不出应用前景、但对认识自然现象和规律有价值的研究工作,则应着重考察其学术水平。

(三)以应用研究、开发研究支撑基础研究的原则

高校拥有丰富的青年人才资源和高水平的科技专家,人员更新流动快、学术思想活跃、学科门类齐全,适于进行自由探索式的、好奇心驱动的、多学科交叉的基础研究。高校通过多学科综合与合作,也适合开展具有目标导向的应用基础研究。高校与产业界联系越来越密切,与产业界联合开展应用研究和产业化开发已成为普遍趋势。大学历来是基础研究的重要基地,与世界各国相比,我国大学基础研究的比重显得过低,长此以往,对国家长远发展不利。基础研究是发展科技的源泉、高新技术的先导。在当前形势之下,我国高校要把主要科技力量转到为国民经济服务的主战场,以科技市场为导向,以产品为龙头,主动承担应用技术和开发研究,以应用、开发研究来"养"基础研究。各类高校的基础、应用和开发三类研究的比例不能整齐划一,应有所侧重。理科类高校应多做探索性研究,多承担基础研究和高技术研究,以知识创新为主,兼顾应用和发展研究;工科类高校主要结合实际开发研究,以应用知识和技术创新为主,但也必须开展相应的基础研究;文科类高校应根据不同优势进行选择,不宜一概而论。总之,在处理三类研究之间的关系时,既要考虑与我国经济发展的需要相适应,又要考虑各大学的不同条件,在此基础上统筹兼顾,

形成特色。

（四）遵循项目指南与尊重自由选题相结合的原则

对科研项目，尤其是基础研究项目有多大把握，在一定程度上取决于研究人员对科技自身发展的认识。哪里有学科前沿，哪一点上有可能突破，应当采取什么研究方案和技术路线，都应由研究人员在长期研究过程中逐步认识。由科学家自由选题，成功可能性大，因此，有"自选项目是重大科研成果的摇篮"之说，要支持科研人员自选项目和某些有发展前景研究基础上的预研。提出自由选题并不意味着否定计划项目。现代科学研究已不是"作坊"式的研究，任何国家的科研都少不了强有力的选题指南和国家干预。国家将迫切需要解决的重大研究课题向社会发布，工厂企业委托研究单位为其攻克难关，大学接受并完成这些课题，保证了科研经费的来源，有了经费，就有可能扩大自由选题。

（五）多层次、多模式相结合的原则

总体说来，各级各类高校都应以培养人才为根本任务，同时积极开展科学研究。但因学校层次不同，对科研规模和水平的依赖程度存在差别，层次越高对科研依赖程度越大，同时高校的科研实力与条件各不相同，即使同一层次的高校，条件与环境也不尽相同，在客观上要求高校应多层次开展科研，在科教兴国中找到自己合适的位置。一般来说，培养研究生任务重且教学科研基础好的少数重点大学，应在承担国家重大科技任务中充当骨干，并在提高科教水平和促进经济社会发展中起带头作用，真正办成研究型大学，其中有的应以追求世界一流水平为目标；以培养本科生为主且教学科研有一定基础的高校应积极开展科研，并有重点地发展优势学科；基础薄弱的本科高校和专科高校，应积极创造条件，争取逐步开展科研工作。学校长期的研究课题，一般都是学校的重点项目，且与重点学科发展有关，完成这些研究任务对办好学校意义重大，因此，要在人力、物力和财力上给予重点支持。但是，由于大学是多学科多层次的整体，又不宜在一个重点方向上过多地集中力量，否则，也会影响其他一般研究项目和学科的发展，反过来影响重点研究的发展。至于每所高校如何具体定位，组织方式不能也不必统一模式，应按各高校和其人才培养特点、各种科学研究自身的规律和具体承担者的情况，确定有效的组织形式和运行机制。主管部门可以提出指导性意见，但不宜干预各单位各项目的具体做法，鼓励多种探索模式，在实践中不断改革完善。总之，各高校应处理好重点和一般的关系，逐步形成"百花齐放"、各具特色的科研格局。

二、高等学校科学研究的组织

尽管不同的科研项目各有特点,其具体组织实施也各具特色,没有统一的模式,但作为探索未知世界的科研活动,还是有某些规律可循,科研过程组织得好,便可少走弯路,早出成果。

(一) 高等学校科学研究的一般流程

科研实施阶段是科学研究的实质阶段,是指对获批准的项目进行研究工作,主要包括收集资料、实验测试、理论概括和反复论证等。对于理工农医类研究来说,这一阶段还可细分为设计、进行实验,寻找一般规律,检验和完善假设、关系式、参数、原理等步骤;而对于文科类研究来说,则要在系统地阅读前人的有关著述和专业文献的基础上,了解该研究领域的前沿概况,并做深入的社会调查和实地考察,广泛收集资料。

不管是自然科学研究还是社会科学研究,都是从已有的经验、知识和实验所得的数据中,寻找物质或人类社会运动变化的一般规律,要创造性地对各种数据、现象进行分析、比较、综合、抽象等思维加工。作为科学研究工作者,必须重视理论的概括、推理、验证和完善,不能停留在现象的说明上,而是要分析支配事物发展的内在因素及其矛盾关系。在分析的基础上,抽象出某种规律,并运用多种方法和手段证明这些规律的存在。

(二) 高等学校的科研管理

高校的科研管理主要包括以下内容:

1. 科研规划和计划

高校科研规划的主要任务是:根据我国经济、科技与社会发展的中长期需要,以及本校的学科优势和科研力量,选择和确定学校的重点建设学科、研究方向和科研项目,确定一批能带动全局的重点课题,并组织力量,配置资源,监督实施。科研计划是科研规划分阶段和分专项的展开,科研计划主要包括选题计划(又称课题计划)、事业计划(对学校科研机构、人员定编调配使用和培养工作的统筹安排)和条件计划(与课题计划相配合,对经费、物资、技术和基本建设等科研条件所做的计划)。

2. 科研机构和队伍管理

科研机构和科研队伍管理的目的在于调动广大科技活动人员的积极性,提高学校整体的科研能力和科研水平,管理的要点是:①要选好在一定时期内专职或主要从事研究工作的人员;②解决好专职科研教师科研任务与教学任务的转换问题;③实行科研责任制,包括研究所所长责任制、课题组长责任制、技术职务聘任制等。

3. 科研成果管理

科研成果管理主要解决两个问题：一是科学地评价研究成果，二是加快成果的应用推广。在评价科研成果时，不同类型的科研成果应有不同的评价标准和评价方法。科技成果的推广应用是实现高校科研为科技、经济和社会发展服务，为培养人才服务的重要环节。

第四节 高等学校科学研究成果的鉴定与转化

一、高等学校科学研究成果的鉴定

任何科研成果最终都要进行审核或鉴定，以正确判别科研成果的质量和水平，促进科研成果的完善和科技水平的提高，加速科技成果的推广应用。科技成果鉴定是指有关科技行政管理机关聘请同行专家，按照规定的形式和程序，对科技成果进行审查和评价，并做出相应的结论。科技成果鉴定工作应当坚持实事求是、科学民主、客观公正、注重质量、讲求实效的原则，确保科技成果鉴定的严肃性和科学性。科技成果鉴定只是科技行政管理部门评价科技成果的方法之一。国家鼓励科学成果通过市场竞争、社会实践和生产实践，以及学术上的百家争鸣等方法得到评价和认可。

（一）鉴定范围

科技成果鉴定的范围是指列入国家和省、自治区、直辖市以及国务院有关部门科技计划内的应用技术成果，以及少数科技计划外的重大应用技术成果。

国家和省、自治区、直辖市以及国务院有关部门的科技计划是指：①国家科技计划包括国家科委、国家发展改革委和国家经贸委管理的国家重大科技计划。②省、自治区、直辖市科技计划的范围，通常由各省、自治区、直辖市科委根据本省（自治区、直辖市）的具体情况与省（自治区、直辖市）有关部门商定，报国家科委备案。对于计划单列市和副省级城市的科技计划，就科技成果鉴定来说，经省、自治区、直辖市科委同意可视为省级科技计划的一部分。③国务院有关部门的科技计划是指国务院各部门科技司（局）管理和认定的科技计划。

在此，应用技术成果包括新产品、新技术、新工艺、新材料、新设计和生物、矿产新品种等。少数计划外的重大应用技术成果申请科技成果鉴定，必须具备下列条件：①技术成熟并有明显的创造性；②性能指标在国内同领域中处于领先水平；③经实践证明能应用；

④对本行业或本地区的经济和社会发展以及科技进步具有重大的促进作用。凡科技计划外重大应用技术成果申请鉴定的，须经省、自治区、直辖市科委或者国务院有关部门的科技成果管理机构批准，否则不能组织鉴定。

（二）申请鉴定的前期准备

1. 申请渠道

科技成果完成单位或个人可按下列渠道申请鉴定：①完成国家、省、自治区、直辖市、国务院有关部门科技计划内的需要鉴定的科技成果，由科技成果完成单位根据任务来源或者隶属关系，向有权组织鉴定的单位申请鉴定。②隶属关系不明确的，科技成果完成单位或个人可以向其所在省、自治区、直辖市科委申请鉴定。③两个以上单位共同完成的、需要鉴定的科技成果，经完成单位共同协商，由第一完成单位负责。根据任务来源或者隶属关系，向有权组织鉴定的单位申请鉴定，同一科技成果只能鉴定一次，不得多单位分头申请鉴定。④属于多学科、跨行业的，整体性能具有国际先进水平，对我国社会经济发展和科技进步具有重大促进作用的特别重大的科技成果，受理鉴定申请的主管机关可以向上一级科技成果管理机构提出鉴定申请报告，由上一级科技成果管理机构组织鉴定。

2. 申请鉴定的资料准备

申请鉴定时，技术资料和有关文件应齐全，并符合档案管理部门的要求，主要包括：①计划任务书或者合同书；②技术研究报告（包括技术方案论证、技术特征、总体性能指标与国内外同类先进技术的比较、技术成熟程度、对社会经济发展和科技进步的意义、推广应用的条件和前景、存在的问题等基本内容）；③测试分析报告及主要实验、测试记录报告（包括原始记录）；④设计与工艺图表；⑤质量标准（企业标准、行业标准、国家标准、国际标准）；⑥国内外同类技术的背景材料和对比分析报告，以及国家科委、国务院有关部门和省（自治区、直辖市）科委认定的，有资格开展检索任务的科技信息机构出具的检索材料和查新结论报告；⑦用户使用情况报告；⑧经济效益（一次性直接效益）、社会效益分析报告及证明材料；⑨涉及污染环境和劳动安全等问题的科技成果，须有关主管机构出具的报告或证明；⑩准确的完成单位（不包括一般试制加工单位及一般协作单位）和主要完成人员名单（按解决该项成果技术问题所做贡献大小排序）；⑪行业主管部门要求具备的其他文件。上述技术资料和有关文件的内容必须真实可靠，引用文献资料和他人技术必须说明来源，材料文件必须打印、装订整齐、符合档案部门的要求。

3. 申请鉴定的程序

科学技术成果申请鉴定的一般程序为：①凡符合申请条件的科技成果，由科技成果完成单位填写《科学技术成果鉴定申请表》，经其主管部门审查并签署意见后向组织鉴定单位提交申请。申请鉴定单位应在其建议的鉴定日期前两个月将鉴定申请报告、《科学技术成果鉴定申请表》和技术资料以及起草的《鉴定证书》同时报送组织鉴定单位。能独立应用的重大阶段性成果，经下达任务的主管部门同意，可以单独申请鉴定。"重大阶段性成果"是指在重大科技项目研究与开发过程中取得的具有创造性、先进性和独立应用价值的科技成果。②组织鉴定单位接到科技成果鉴定申请后，应及时、认真地进行形式审查和技术性审查，并在30天内批复审查意见。形式审查由组织鉴定单位的科技成果管理机构负责，技术性审查由科技成果管理机构会同有关业务管理机构共同进行。

（三）鉴定形式与步骤

鉴定分为检测鉴定、会议鉴定和函审鉴定三种形式，三种鉴定形式具有同等效力。

1. 检测鉴定及其步骤

凡通过国家、省、自治区、直辖市和国务院有关部门认定的专业技术检测机构检验、测试，性能指标可以达到鉴定目的的科技成果（如：计量器具、仪器仪表、新材料等），组织鉴定单位应采用检测鉴定形式。专业技术检测机构出具的检测报告是检测鉴定的主要依据。专业技术检测机构应依据检测报告对检测项目做出质量和水平的评价。凭检测报告难以对被鉴定的科技成果做出质量和水平评价时，组织鉴定单位或主持鉴定单位可以会同专业技术检测机构聘请3~5名同行专家，成立检测鉴定专家小组，依据检测报告，提出综合评价意见。省、部级专业技术检测机构，由省、部科技主管部门按照国家科委制定的专业技术检测机构认定标准确定，并报国家科委备案。

检测鉴定的程序如下：①由组织鉴定单位指定对口的检测机构，向检测机构和成果完成单位下达"委托书"，"委托书"是检测机构受理检测鉴定的依据。②成果完成单位持"委托书"并携带成果实物和相关技术资料到指定的检测机构进行检测。必要时，成果完成单位应向检测机构介绍成果的具体情况，但不得干扰检测机构独立进行检测工作。③检测机构在接到"委托书"和被检测的成果后，一般在一个月之内完成检测工作，并出具"检测报告"。④检测机构对被检测成果的个别技术指标不能进行检测时，可委托其他机构对该指标进行检测，必要时可使用成果完成单位的仪器或设备，但事先必须确定该仪器或设备的可靠性。⑤检测数据难以全面表证被鉴定成果性能、水平时，组织鉴定单位可会同检测机构聘请同行专家，并指定一名负责人，对成果做出综合评价，形成书面评价意见。⑥检测机构将检测报告和评价意见一并送组织鉴定单位审查，组织鉴定单位将检测报告和评价意见作为《鉴定证书》中的鉴定意见。⑦颁发《鉴定证书》，检测报告和评价意见（原件）由组织鉴定单位存档。

2. 会议鉴定及其步骤

对于需要组织同行专家进行现场考察或演示、测试和答辩的科技成果，组织鉴定单位可以采用会议鉴定形式。组织鉴定单位根据被鉴定科技成果的技术内容可聘请7~15名同行专家组成鉴定委员会。鉴定委员会到会专家不得少于应聘专家的4/5。被聘专家不得以书面意见或委派代表出席会议。鉴定结论必须经到会专家的3/4以上通过才有效。不同意见应在鉴定结论中明确记载。

会议鉴定通常包括三个步骤：会前准备、召开鉴定会和颁发《鉴定证书》。其中会前准备包括以下内容：①组织鉴定单位批复鉴定申请后，拟定并发出召开鉴定会的通知。通知的主要内容包括批准组织鉴定的文号和机构，组织鉴定单位和主持鉴定单位名称，鉴定形式，鉴定日期、地点、联系人、联系电话等具体事宜。组织鉴定单位或主持鉴定单位应在鉴定会前10天将召开鉴定会的通知和技术资料以及起草的《鉴定证书》寄送给应聘参加鉴定工作的专家。②需要进行现场测试的，测试组专家必须在鉴定会召开前完成测试工作，并写出测试报告。测试报告须经测试组专家签字。③申请鉴定单位应在鉴定会前认真做好会务的准备工作。④组织鉴定单位和主持鉴定单位以及鉴定委员会的正、副主任在鉴定会前应召开预备会，听取成果完成单位关于鉴定会准备情况的汇报，并商定会议的具体议程，必须安排充裕的时间保证专家进行讨论和评议。⑤鉴定委员会主任指定一名鉴定委员起草鉴定意见。

3. 函审鉴定及其步骤

不需要组织同行专家到现场进行考察、测试和答辩，由专家通过书面审查有关技术资料即可进行评价的科技成果，组织鉴定单位可以采用函审鉴定形式。函审鉴定由组织鉴定单位聘请5~9人组成函审组。提出书面函审意见的专家不得少于应聘专家的4/5，鉴定结论必须依据函审专家3/4以上的意见形成。不同意见应在结论中明确记载。

函审鉴定的步骤为：①组织鉴定单位选聘函审专家组成函审组，并指定正、副组长。②组织鉴定单位将同意鉴定的批复件、《科学技术成果函审表》（以下简称《函审表》）和技术资料以及起草的《鉴定证书》初稿送函审专家审阅，函审专家收到函审材料后，按会议鉴定评议内容进行审查，在《函审表》中填写审查意见，一个月内将已填写审查意见的《函审表》、技术资料、《鉴定证书》初稿寄回组织鉴定单位。③组织鉴定单位将各函审专家已填写审查意见的《函审表》寄函审组正、副组长，函审组正、副组长根据专家的函审意见，写出综合鉴定意见，签字后寄组织鉴定单位。④鉴定意见经组织鉴定单位审核后填写在《鉴定证书》的"鉴定意见"栏内。⑤函审鉴定意见原件和《函审表》由组织鉴定单位存档。⑥《鉴定证书》的颁发程序与会议鉴定相同。

二、高等学校科学研究成果的转化

任何科研成果的最终目的是在国民经济中发挥作用或对科学技术的发展做出贡献。高等学校科学研究成果的转化主要包含两个方面的内容：一是将所取得的应用性成果推广到国民社会建设的有关部门、行业，使其发挥作用；二是将研究成果推广于人才培养中，实现教材更新，或进行学术传播和交流，以提高人的素质。发挥高校科技创新作用是我国国家创新体系建设工作的重要组成部分。当前，各高校面临的重要任务是大力推动高校科学技术成果转移及产业化。

第一，加大国家对大学科技园、高校技术创新孵化服务网络等基础设施的支持力度。努力提高大学科技园等孵化机构为创新创业服务的质量和水平，创造社会资金与高校师生科技知识相结合、共同创业发展的良好环境和平台。

第二，推动高校成立技术转让机构。通过加强知识产权管理，促进专利申请工作。运用专利许可、技术转让、技术入股等各种方式推进高校所开发技术的扩散应用。允许高校遵照国家相关政策规定，自主制定有关鼓励技术发明、转让的规定，以调动高校师生从事科技创新的积极性。鼓励和支持高校师生兼职创业，处理好相关的知识产权、股权分配等问题，处理好兼职创业与正常教学科研的关系。

第三，进一步规范高校校办企业管理体制。对现有的校办企业，通过授予国有资产管理权等方式，理顺产权关系。高校投资经营活动应主要围绕转化学校科技成果、孵化高新技术企业进行，尽量不要投资经营非科技型企业。

第四，推动高校与企业在科技创新和人才培养方面的合作。对企业、科研机构与高校联合提出申请的国家科技计划项目，在同等条件下优先支持。由高校承担国家科技计划项目、企业参与联合投入的，允许企业优先获得成果转化和使用权。鼓励高校与国内外企业共建实验室、研究开发中心等研究机构。

总之，加速高校科学研究成果转化的各项措施，都得从体制上进行改革，理顺关系，才见成效。高校科技成果的转化是关系科教兴国的大事，各级科技管理部门和教育管理部门应给予高度重视，结合各部门、各地方的实际情况，采取切实措施，充分调动各方面的积极性，把我国科技和教育事业发展推向一个新的阶段。

第七章 国际视野下杜德施塔特高等教育思想与大学校长研究创新

第一节 杜德施塔特高等教育思想的内在逻辑

一、杜德施塔特高等教育思想体系的基本架构

杜德施塔特高等教育思想是一个结构严谨、逻辑严密的理论体系，其核心是信息化和全球化潮流中的大学变革。它表现为三个基本层次：首先，创造一所"21世纪的大学"是这场大学变革的愿景，它引领着大学变革的方向。其次，要想实现这一变革愿景，大学必须转变自身的发展模式，对于以密歇根大学为代表的美国公立大学来说，就是要在发展模式上从原来的"公立"转变成为"公立私助"，而要想实现这种发展模式的转变，从高等教育管理的层面上讲至少需要两个基本保证：一个是战略规划，另一个是变革管理。战略规划为大学变革指明了方向，而变革管理则可以使大学变革不至于因阻力太大半途而废，或因失去控制而误入歧途。最后，课程教学、科学研究和社会服务作为研究型大学的三大主要职能，既是这场大学变革的出发点和基础，又是变革的主要对象和平台，它们最终决定了大学变革的成败。以上三个层次共同构成了杜德施塔特高等教育思想的塔形模式。对于这场大学变革来说，核心是制度转型，其中既包括大学管理制度的转型，也包括科学研究制度、课程教学制度和社会服务制度的全面转型。然而，我们需要谨记的是，当今社会中的任何变革都不是以线性和静态方式进行和完成的，成功的变革表现为一种混沌中的有序，上述几个部分以"变革愿景"为中心，密切联系在一起，构成了一个复杂的星形结构。任何一个部分的缺失都会使塔形崩塌、星形破损，从而使整个大学变革的事业功亏一篑。

"21世纪的大学"是杜德施塔特高等教育思想体系中的"变革愿景"。在杜德施塔特看来，一所21世纪的大学应该是一所既能坚守公众使命又能自力更生的大学、一所具有世界眼光和胸襟气度的全球性大学、一所族群多样且文化多元的大学、一所充分利用信息技术手段的赛博大学、一所具有创造精神和创新能力的大学、一所打破了科层制度实现扁平化管理的大学、一所高度重视本科人才培养的综合性研究型大学、一所能适应即将到

来的终身学习社会需要的大学、一所能对大学发展模式进行不断创新的大学、一所能够担当知识社会服务器的大学。

要想实现创建一所"21世纪的大学"这一变革愿景，杜德施塔特认为以密歇根大学为代表的美国公立高等教育在发展模式上必须做出重大转变。19世纪中叶的赠地运动让美国公立高等教育获得了长足发展，奠定了今天美国公立高等教育体系的雏形，也界定了今天美国公立大学基本的发展模式。长期以来，美国公立高等教育机构属于各州政府管辖，主要经费来源都依靠州政府拨款。然而随着20世纪中叶以来各州对公立大学教育经费的不断削减，尤其是20世纪70年代来自联邦政府的研究经费削减，来自政府的财政拨款在各公立大学运营经费总额中所占的比例越来越小。经费不足已经严重困扰着美国公立大学的创新与发展，尤其是在一个信息化和全球化急速发展、各项革新事业都需要巨额投入的情况下更是如此。

在这种情况下，杜德施塔特认为，美国公立大学必须转变传统的发展模式，在保持公立属性、坚守公共使命的同时多方筹措发展所需的资源，改变以往以政府拨款为主的单一发展模式。只有这样才能有充足资源开展各种大学革新计划，并与财力雄厚的私立大学在激烈的发展竞争中一决高下。发展模式的转变并不仅是资源筹措方式的转变，它实际上是整个大学制度的变革转型，其中不仅包括资源来源的多元化以及在相应行政管理模式上的变化，而且包括更深层次的大学价值观与文化传统的转变等。

杜德施塔特进一步指出：公立大学要想实现从公立公助向公立私助的转变，至少需要两个基本条件做保障，第一是要有一套富有战略远见的战略规划，第二是要在战略规划的实施中对各项变革措施进行有效管理。杜德施塔特认为，战略规划的制订要遵循一种"逻辑渐进主义"的策略，既不能一蹴而就也不能久拖不决。在战略规划的一开始，首要任务是为变革确立一个愿景，并使用明确的语言来清晰阐述和表达它。接下来要做的工作就是以这一愿景为背景，有意识地设定一些广泛且又有些模糊的目标，诸如"多样性"和"卓越"等。接下来，是广泛发动整个组织中的所有成员，让他们对这些目标进行重新界定和表达，同时制订出可以实现这些目标的各种战略规划以及具有可操作性的具体目标。

杜德施塔特认为，不能把战略规划作为一个静态的孤立过程，战略规划制订的过程同时也是重组一个新的大学行政管理架构的过程。在制订战略规划的过程中，不仅要设定大学变革的基本主题和基调，组建一支富有创新精神和战斗力的领导团队，还要搭建各种人际网络，以便为即将开始的变革准备群众基础。一旦战略规划付诸实施，就需要以变革管理来掌控整个大学变革的进程，以混沌变革论为基本的管理哲学，引领整个大学变革在混沌中逐渐走向有序。

当然，杜德施塔特丝毫也没有忘记整个大学变革归根结底要落实到研究型大学承担的三项基本职能——课程教学、科学研究和社会服务的变革上。课程教学方式、科学研究方式和社会服务方式变革是大学变革的主战场和中心任务。缔造一所21世纪的大学归根结底是要对大学课程教学、科学研究和社会服务方式进行彻底更新与改造。对于课程教学方式的转变，杜德施塔特认为，这场变革将主要是由在信息技术的海洋中成长起来的"即插即用"的一代青年学子作为最主要的草根力量，从整个大学课程教学体系架构的最底层——教室中推动的，其结果先是由学生学习方式的变化引起了教师教学方式的变化，进而带来了师生关系的变化，接着引起了整个教育出版方式的变化，最终冲破和超越传统的手工业作坊式的大学课程教学方式，创造与信息时代相适应的新型学习方式和课程教学方式。

科学研究方式也面临着巨大历史变革。各种信息技术手段被广泛应用于科学研究中，在改变科学研究方式的同时，促成了一大批新型科学研究形式的出现。杜德施塔特认为，数字时代的科学技术研究不仅是数字化的而且是全球性的。信息技术手段在科学研究中的广泛应用不仅促进了一大批新型科学研究装备和大型数字图书馆的出现，给人类对未知世界的探索提供了新工具，而且给科学共同体之间的沟通与交流以及科学研究成果的发布与散播提供了新的可能与便利，传统纸媒时代的科学出版方式正在为数字化的科学出版方式所取代，而这种科学出版方式的变革又带来了科学评价方式的变化，传统的以同行评议为核心的科学评价制度面临着冲击，而在这种冲击的背后，隐藏的则是对传统的科学研究伦理与职业道德乃至整个科学研究文化更新与再造的新呼唤。

大学的社会服务方式也面临挑战与变革，尤其对于公立大学来说更是如此。美国公立高等教育长期以来已经形成了"大学—产业—政府"三位一体的社会服务模式，而从公立向公立私助的转变则使公立大学在社会服务方式上面临着远比私立大学严峻的新挑战。尽管在诸如技术转移这样具体的社会服务方式上，公立大学与私立大学二者之间并无太大差异，但与私立大学相比，公立私助之后的公立大学在社会服务方式上面临的难题是：如何在坚守公共价值与追逐商业利益二者之间保持平衡？这考验着公立大学的智慧。杜德施塔特认为：如果说在发展模式上的变革主要是大学与政府关系的重构，那么大学社会服务方式的变革从根本上来说则是大学与企业关系的重构，让大学与企业重新制定一份适应21世纪经济发展需要的新契约，这种重构的目的是使研究型大学在知识经济正在崛起的21世纪继续发挥经济发展引擎的重要作用，在为知识社会源源不断地输送大量高质量知识工作者和创新性知识的同时，把自身彻底转变成为一个学习型组织。

二、杜德施塔特高等教育思想体系的基本特质

杜德施塔特卸任校长一职后，积十年之功，系统梳理了其在高等教育尤其是公立研究型大学创新发展方面的实践以及对若干重大理论问题的思考，先后出版了多本有关高等教育的理论著作，在高等教育实践和理论两方面都引起了强烈反响，其中闪耀的思想之光集中折射了其高等教育改革发展实践与理论的特质。

（一）精神特质

杜德施塔特的第一本理论专著——《21世纪的大学》于2000年出版之后，哈塞尔曼（Hasselmann）对此书评价说："这本书对高等教育面临的各种问题进行了一个全面深入且饱含思想的讨论，这引人注目。杜德施塔特对21世纪的大学究竟应该是什么样子既充满了洞察和远见，又清醒地认识到必须进行的变革面临的各种难题，而对变革的态度则可能是变革遇到的最大障碍。"这一评价在一定程度上刻画了杜德施塔特高等教育改革发展实践与理论的精神特质。《21世纪的大学》也因此成为研究杜德施塔特在高等教育改革发展理论方面的创新、探究其高等教育思想的最重要文献。

（二）现实特质

2002年，杜德施塔特和阿特金斯、豪厄林合作出版了《数字时代的高等教育：美国高等院校的信息技术议题和战略》一书。全球知名的高等教育信息化专业组织EDUCAUSE的主席霍金斯（Brain L. Hawkins）对此书评价说："由三位在全国闻名遐迩的人物组成的这个团队无论是对技术在校园中应用的历史还是对它给大学带来的冲击都进行了一个全面的回顾与考察，并对其现在的启示和未来的影响进行了展望。最后的四章提出了一些关键性的、发人深思的问题，这些问题在每一所学校规划自己的未来时都会遇到。杜德施塔特、阿特金斯和豪厄林提出的很多问题都不落窠臼。这种思考问题的独特方式使我们因技术的巨大影响而不得不对大学的未来进行重新思考。这本书，尤其是最后四章，对今天高等教育领域中的任何高级行政管理人员来说都是必读的好东西。"这一评价无疑体现了杜德施塔特高等教育改革发展实践与理论的现实特质。

（三）未来特质

2004年，杜德施塔特又和曾任密歇根大学财务主管的沃马克合作出版了《超越十字路口：美国公立大学的未来》一书。埃伯利斯（Tom Abeles）对此书评论说："杜德施塔特和沃马克描绘了一幅现实图景，让我们借助一双慧眼能够在黑暗中得以与他们一道窥见

未来。"这无疑道出了杜德施塔特高等教育改革发展实践与理论的未来特质。事实上,进入 21 世纪以来,美国公立大学正是沿着杜德施塔特在此书中指出的方向乘风破浪,一路前行的。杜德施塔特作为高等教育战略家的地位也正是由此才得以确立的。

(四)个人特质

2007 年,杜德施塔特又出版了《舵手的视界——在一个变革时代领导美国大学》一书。美国大学协会主席伯达尔对此评价说:"吉米·杜德施塔特又一次针对当代美国大学写了一本重要且富有思想性的书。在他的这第三本必读书——《舵手的视界》中,杜德施塔特对其担任一所重点研究型大学校长的任期进行了回顾,指出了一所研究型大学校长的首要任务,并把这二者以一种独到的方式结合在了一起。"这正是杜德施塔特与其他著名高等教育家在气质上的不同之处。此书堪称当代公立研究型大学校长回忆录的代表作,对于我们把握杜德施塔特高等教育改革发展的实践,理解以杜德施塔特为代表的新一代大学校长群体的职业生涯及其不为人知的内心情感与大学校长之路上的心路历程都具有非常重要的意义。

第二节 杜德施塔特道路与大学校长的专业发展

杜德施塔特是在信息化和全球化潮流的冲击和洗礼中成长起来的优秀研究型大学校长的典型代表,体现了新一代大学校长的精神风貌。他的职业生涯不仅全面展现了变革洪流中当代大学校长面临的压力、困惑与风险,更见证了新一代优秀大学校长在艰难险阻中的成长与成熟。而他进退两难中表现出来的智慧与选择,则开创了一条高等教育管理者可持续性的专业发展之路和 21 世纪新一代大学校长选拔、培养、创业的成功之道。

一、新一代大学校长的精神风貌:变革时代的多重角色及其领导力

20 世纪下半叶以来,美国大学深受企业文化的浸润,及至 20 世纪 80 年代,企业文化更是弥漫于大学校园。步入 20 世纪 80 年代以后,信息化和全球化催生的是新一代研究型大学和大学校长。和前几代具有政治家气质的大学校长不同,这一代大学校长越来越多地具有企业家精神。同时,20 世纪 80 年代以后的大学治理也越来越多地借鉴和吸取了当代公司化治理的成功之道。杜德施塔特是把全面质量管理(Total Quality Management)引入大学治理的倡导者。信息化和全球化时代的大学发展受信息技术和全球化市场力量的推

动越来越大,领导这样一所大学需要具备冷静的头脑和多样的技巧。这一代大学校长具有浓厚的草根意识(民主意识的另一种表达方式),对传统的大学治理的科层制度深恶痛绝,致力于打造一个扁平化的大学管理体系,而信息技术的飞速发展及其在高等教育行政管理系统中的广泛应用、全球化高等教育市场的形成与发展给他们大展身手提供了一个前所未有的机遇。

杜德施塔特还特别指出,在新一代大学校长中,亚利桑那州立大学校长克罗(Michael M. Crow)尤其值得关注,他在亚利桑那州立大学进行的变革有声有色,引起了广泛关注。克罗于1956年出生,1985年从雪城大学获得科学与技术政策的公共管理博士学位,2002年开始执掌亚利桑那州立大学,是这新一代研究型大学校长中的后起之秀。长期从事科学与技术公共政策研究与咨询的专业历练,让他对21世纪美国公立大学的创新发展及其历史使命有着独到的理解与认识。他上任之后启动了一系列重大转型与革新计划,相继成立了跨学科的生物设计研究院、全球可持续发展研究院以及对大学社会服务方式进行新探索的宏观技术园区等,开始一展创建新美国大学的宏愿,继杜德施塔特之后,掀起了美国公立大学变革的又一轮新高潮。

如果说20世纪50年代至70年代是以科尔为代表的一代政治家校长的时代,那么20世纪80年代至今则产生了以杜德施塔特和维斯特为代表的具有战略眼光和技术背景的工程科学家治校的新模式。20世纪80年代以后的信息技术革命又让他们走上了历史前台,开始掌握美国高等教育和研究型大学的发展方向。具有象征意义的是,当杜德施塔特在1988年正式出任密歇根大学校长、搬进校长办公室时,他带进去的是一台计算机,而当时的临时校长弗莱明带走的则是一台打字机。这意味深长,似乎是在昭示着一个高等教育新时代的开始。

当代研究型大学已经发展成为这个世界上最为复杂的社会组织之一,它不仅规模巨大、职能多样,而且具有非同一般的社会影响。执掌这样一个社会组织,领导者必负有多种职责。以拥有多校区的加州大学系统为例,它的董事会为校长规定的职责就不下40条。这不仅需要领导者能在多重角色中灵活切变,而且显然需要具备多元的领导力结构。杜德施塔特指出:"像大多数高级领导岗位一样,大学校长一职也有很多种表现形式,这取决于具体的人、机构,还有——可能是最重要的——时代的要求。显然,作为一个拥有数千雇员(教职员工)和顾客(学生、病患、体育爱好者)、年度预算达数十亿美元、地盘有一个小城市大小、影响常常遍及全世界的这样一个大学的首席执行官,大学校长在管理上所负的责任是非常重大的,比得上一个规模巨大的跨国性公司的首席执行官。"

但一所研究型大学的校长所处的位置远比一个公司的首席执行官重要,研究型大学的校长不仅要对所有公司年复一年对人才的需求负责，给他们提供高质量的人力资本，还要源源不断地为他们提供可以让他们可持续性地推出具有创新性的、更好的产品与服务所需的新知识资本。大学校长还对社会的文化建设与道德发展负有责任。因为他们把这个世界上最优秀的一批头脑都集中在了一起，不仅包括才华横溢、卓有成就的教授，还包括潜力巨大、前途美好的学子。尤其值得指出的是，尽管当代研究型大学正在变得越来越复杂，在某些方面开始和复杂的跨国公司有了越来越多的相似性，但大学毕竟不是企业。

当代大学校长扮演着多种重要的领导角色，如：象征性的、政治性的、教牧性的，有时甚至是道德性的，等等。在其2001年出版的著作《创造未来：美国大学的角色》一书中，罗兹对校长扮演的角色和承担的工作有过下面这样一段描述："校长应该把他或者她最擅长的技能用于：在学校生活的每一个领域内都让学校对新事物充满了向往，不断对其进行鞭策以使其迈向伟大，不断鼓舞它的希望并帮助其实现，给它注入活力以使其达到一个新层次的成功，让它行动起来实现更高层次的成就……校长创造了一种氛围。他或者她是无处不在的，在校园里漫步，在早餐时见学生，在午餐会上见教师，在重聚会上见校友，在各种校园事件中与每一个人见面，在家里招待客人。校长理解校园里的各种希望和关注，给学校的各种努力鼓劲，给它的志得意满敲警钟，激励其远大的抱负。没有任何一次偶遇会因其过于有限而无法对学校的氛围发挥其影响，不论这种影响是正面的还是负面的。"

不同的校长有不同的领导风格，对自己的责任与使命也有不同的理解与认识。比如，有些处于困难时期的校长把焦点主要集中于维持学校向前发展的势头并保持稳定；而另外一些校长则倾向于让他们的学校迈上一个新台阶。有的大学校长谨小慎微，而有的大学校长则勇于开拓。很多大学校长把当代大学具有的高度复杂的、与各种传统密切联系在一起的这种性质视为对重大变革的一种抗拒，然后就做出结论说，把他们的注意力放在一些他们的领导能力能发挥影响的小问题上可能是一种最好选择，或者至少是最安全的选择。而有的大学校长则把他们的校长位置仅仅看作他们职业生涯中的另外一步而已，或是从一个学校跳到另外一个学校，或左右逢源而穿梭于公私两界。

每一所大学都有自己的特点，无论是在规模上、使命上还是在文化上和传统上都是如此，它对某些类型的领导风格可以容忍，但对另外一些领导风格却非常拒斥，比如，权威型的领导者对某些学校来说不仅是必要的而且是非常有效的，但对另外一些具有开拓性文化传统的大学来说则未必合适。不论一位大学校长有何个人禀赋，任何一位成功的大学校长都必须既能准确把握他所领导的这所大学的性质，同时又能敏锐地对时代提出的各种挑战和要求做出响应，同时具备相应完备的领导力结构。特罗（Martin A. Trow）把大学校长的领导力划分为四个维度，它们分别是：象征性的、政治性的、管理性的和学术性的。而杜德施塔特则以自身亲身经历和切身体验对当代大学校长所应具备的领导能力进行了全面讨论与阐述。他认为要想在一个变革时代中成功领导一所大学，当代大学校长至少要具备以下几种领导力：行政领导能力、学术领导能力、政治领导能力、道德领导能力、战略领导能力。

大学校长首先是一所学校的最高行政长官。作为大学的首席执行官，校长负有一系列行政领导责任，比如，组织一个精干有效的行政管理团队（其中最重要的是确定教务长和首席财务主管的人选），对整个大学的行政管理体系进行监督和指导，确保大学各学科专业的质量和水平，对学校的人事安排、财务状况和固定资产进行管理，就整个大学的福祉而对董事会和社会公众负，等等。四处外出为大学争取发展所需的资源也是校长行政领导责任中的重要一环，甚至人们对大学校长最大的期望就是什么都别干，"去城里找钱"。正是在这一意义上，杜德施塔特才把一所研究型的大学校长与一个大型公司企业的首席执行官相提并论。杜德施塔特担任校长八年，让密歇根大学的办学基金规模增长了10倍，翻修了绝大部分校园设施，让整个密歇根大学焕然一新，体现了其卓越的行政领导才能。

大学校长扮演的第二个重要角色是学术领导。尽管当代大学由于教授治校传统的确立，学术领导的很大一部分权力被让渡给了院系领导和学校教授会议，但学术领导仍然是大学校长不可或缺的一项重要领导能力。学科建设是任何一所大学取得成功的最重要基石。成功的大学校长不仅要拥有丰富的行政领导经验和能力，还要具备过硬的学术领导能力。他不仅要能对事关学校发展的重大学术问题有深刻而独到的见解，还要能引领校园的知性生活的方向，切实塑造各学科专业的建设与发展，并大大加强学校的学术声望。在这种情况下，那些缺乏深厚学术素养、对学术问题一知半解的校长很难领导一所杰出的研究型大学走向成功。在担任校长之前，杜德施塔特已是知名的工程科学家，并长期参与美国国家科学委员会的工作。这让他在学术领导上不仅具备了普通学者对学术的判断标准，而且在学科建设与专业发展上具有非同一般的战略眼光。

大学校长的第三重角色是政治领导，尤其对公立大学的校长来说更是如此。在美国高等教育的历史上，大学校长这一职位一直就具有很强的政治色彩。公立大学深受各种社会政治势力消长和政治风云变幻的影响，对大学与各种主顾——政府以及其他各种特殊利益集团，如：当地社群、社会公众和新闻媒体等的政治关系进行经营和管理的责任最终都要落到校长肩上。杜德施塔特所说的大学校长要对"所有的麻烦事负责"就是这个意思。大学校长尤其要保护大学免受各种敌对政治势力的攻击，影响和塑造学校的政治文化和政治议题，而如何处理与学校董事会的关系则更考验着大学校长的政治智慧。现在越来越多的大学开始选择来自学术界之外的政治家出任校长，正反映了大学校长的政治领导力在变得越来越重要。

大学校长的第四重角色是道德领导。校长是大学的守护神，守护着学校及其在知识与智慧、真理与自由、学术优异与公共责任上的根本底线。大学在诸如社会多样性、公民权利与责任以及社会公正这样的道德议题上需要来自校长的指导。一位领导技能娴熟的大学校长善于化危为机，他们能把各种危机转化为对道德领导来说具有教育价值的机遇。校长日常的一举一动、言行举止和举手投足对整个大学的价值观念和行为做派都有很大影响。而作为整个大学社群的第一家庭，校长及其夫人被要求成为整个学校大家庭的道德楷模，他们对学校社群同时还负有教牧关怀的责任。杜德施塔特一上任就加速推行以提升文化多样性为目标的密歇根振兴计划，正体现了他作为优秀大学校长具有的道德力量和伦理关怀。

作为对人类文明和经济社会发展具有重要影响的当代研究型大学校长，战略领导能力也是其不可或缺的重要领导力之一。以高超的战略领导能力带领学校向重大目标迈进，这是一流研究型大学校长义不容辞的责任。尤其是在公立大学校长的任期普遍缩短、绝大多数校长的任期目标短期化的情况下，战略领导能力在大学校长的领导能力架构中变得越发重要。杜德施塔特在担任密歇根大学工程学院院长期间，就对战略领导力非常重视，上任不久就制订了工程学院的战略发展规划。在担任密歇根大学校长期间，他先后两次主持制订密歇根大学的战略发展规划，体现了其卓越的战略领导能力。当然，大学校长在实施领导战略时，要对学校的历史与文化传统有深刻理解，对它面临的各种挑战与机遇有精准把握，并且还要在大学社群上上下下具有非同一般的影响力和号召力，只有这样才能取得成功。

二、在艰难险阻中成长与成熟：大学校长职业生涯中的压力与风险

当代研究型大学巨大的规模和高度的复杂性已经使人们很难对其形成一个全面认识与把握。除此之外，与任何一种成气候的大产业都如影相随的商业化，与依赖和争取政府机构的有限资源伴随而来的政治化，以及由信息技术革命带来的前所未有的压力，让人们对研究型大学的认识如"雾里看花"一般模糊不清。这不仅使当代研究型大学越来越让人难以理解，而且使领导这样一所研究型大学也成为一件极富挑战性的工作。因为一个组织越复杂，对这个组织的管理就越困难。

如果说生活在其中的师生对当代研究型大学的认识尚属"雾里看花"，那么远离象牙塔的社会公众对它的理解就更为困难了，而他们对于执掌当代研究型大学的一个独特社会精英群体——研究型大学校长的认识，对于他们所面临的各种困惑、压力与风险的理解就更少了。但研究型大学的校长却是一个对人类文明与经济社会发展具有重要影响的社会群

体，是社会公众不得不关注的一个重要对象。

尽管大学校长是一个独特的社会精英群体，但其专业发展却不仅鲜为人知，而且充满了各种风险与压力。即使在那些后来步入学术管理领域并担任大学校长的人中间，也不乏在上任之前对大学校长这一职位一无所知这样的情形。他们走向大学校长的这条专业发展之路在很大程度上充满了偶然性和随机性，与其说是有意为之，还不如说是机缘巧合。绝大多数优秀大学校长在步入学术管理领域之前都是痴心于学术研究的学者，他们当时不仅对学术行政管理毫无兴趣，而且对学术行政管理事务毫不关心，甚至对学术行政管理人员还或多或少地存有偏见。这不但让优秀研究型大学校长的专业发展之路充满了不确定性，还使那些从学术领域步入行政管理领域的校长候选人面临来自同事们的非议，承受着巨大的心理压力。

杜德施塔特先是从一位醉心学术的普通教师，尔后成为一位积极参与学校事务的校园活动家，接着踏入了学术行政管理领域，并最终登上了学术行政管理的最高端，就任密歇根大学校长。他职业生涯中的第一次重大转折不仅向我们展示了他是如何成功地从一位出色的工程科学家转变为一流研究型大学校长的，还向我们展现了其中所潜藏着的种种职业风险以及他的惊险跨越。比如，在杜德施塔特就任密歇根大学教务长仅仅一年之后，时任密歇根大学校长的夏皮罗就去了普林斯顿大学担任校长，顿时使他的教务长职位变得岌岌可危。因为新上任的校长肯定会重新组织自己的一个校务行政管理团队，而教务长作为这个管理团队中最重要的一个职位，发生变动的可能性极高。

如此一来，深深眷恋着密歇根大学这块土地的杜德施塔特面临着两难选择。由于他从事学术行政管理多年，已经远离了自己的专业学术研究，此时要想返回自己的核工程专业领域已无任何可能。在校长即将离任的情况下，作为教务长的杜德施塔特要么不得不离开密歇根大学转而在其他学校谋取一个校长职位，要么就是留在密歇根大学竞争校长。离开密歇根大学是杜德施塔特所不愿的，因此他只有一条出路，那就是竞争下一任密歇根大学校长。这是他能继续留在密歇根大学的唯一选择。我们不难想象杜德施塔特当时所面临的情势是多么危急。所幸的是，尽管因选拔过程采取闭门会议的方式而备受争议，但密歇根大学董事会做出了正确选择，杜德施塔特众望所归，如愿以偿地接任了校长职务。

当代研究型大学校长面对着各种需求各异的支持者和服务对象，如：教师、学生、职员、捐赠者、政府官员、董事会成员等。他们常常期望去取悦所有支持者，试图让每一个人都满意，但这是不可能的。它那只能增加大学校长的工作负担和心理压力。

公立大学校长面临着比私立大学校长更多的挑战，他除了要处理好与董事会之间复杂关系之外，还与董事会一样面临着各种刻板的公共制度的束缚。因为不用担心各种刻板的公共制度，私立大学校长的治校权力通常不受掣肘，决策程序简单快捷，在人事任免上也更加迅速和富有灵活性。公立大学则不然。由于"阳光法案"的存在，公立大学校长的一举一动都深受州政府和社会公众的关注。

因此，大学校长的专业发展不仅需要新的环境和土壤，而且需要新的价值尺度、制度环境与政策导向。社会公众需要放弃对大学校长的不切实期望，大学校长这一职位需要保持一定的稳定性，大学校长需要拥有一定时间长度的任期，只有这样才能确保教育家治校的稳定性和连续性。而要想缓解当代大学校长面临的各种压力，首先要转变对大学校长的评价方式。就公立大学而言，对大学校长工作本身的评价往往对一位校长的去留影响不大。即使一位校长工作得非常出色，它所带来的影响也远远不及在一个州里或一个董事会内部政治领导层上所发生的各种不可预计的事件或变化。对大学校长的评价来说，一年一度的评审或报告对于促进大学校长的工作、提升其工作绩效和领导能力来讲是非常有价值的。当对大学校长的工作进行评价时，如果由具有与大学校长这一工作直接相关知识的人来监督和实行，那将会产生令人意想不到的良好效果；如果在对校长工作的评价过程中能兼顾各种不同利益集团和支持者群体的期望和需要，并把评价焦点放在让校长充分发挥其领导能力来提升整个大学的质量上，那么这个评价才是公平和公正的。

大学校长自身也要为专业发展的成功付出相应努力。信息化和全球化潮流中的高等教育和研究型大学正面临着翻天覆地的变化，它们需要的是"创业型"的校长而不是"守业型"的校长，这是21世纪时代发展的必然要求和新呼唤。只有那些具有企业家精神、敢于担当的创业型校长才有勇气和智慧突破传统大学制度施加在高等教育创新发展和大学校长自身专业发展之上的重重桎梏。在杜德施塔特身上，自始至终都体现着一种"自强不息"的精神气质。这种精神气质不仅是成功领导一个大学艰难的变革事业所必需的，而且是其突破自身专业发展面临的各种障碍所不可或缺的。大学变革的本质和核心是大学制度的转型，而其中自然也包括大学校长所面临的各种制度环境的转型与创新。在现行的治理框架下，董事会没有对大学校长的制度安排、制度设计和制度环境做出主动改进的动力，因此，一切都要倚靠大学校长自己的努力。

自20世纪80年代以来，具有企业家精神的大学校长越来越多，在他们身上体现出来了一种共同的精神气质。他们有敢于承担风险的勇气和善于承担风险的智慧，对现状永远都持一种不满态度；高度重视和珍惜各种创新的思维方式，对与之相反的意见与立场不仅不打压，反而鼓励和欣赏；与政府和商界都保持着良好关系，同时又不以牺牲大学精神和学术诚信为代价；脚踏实地而又怀有崇高使命和远大目标，既把学校打理得井井有条又能为其确定长远的战略发展方向。这不仅是以杜德施塔特为代表的新一代大学校长呈现出来的共同的精神风貌和思想肖像，更是他们能在险象环生的专业发展和大学变革事业中游刃有余、不断走向成功的奥秘所在。

三、进退两难中的选择与智慧：优秀校长可持续发展的挑战与出路

杜德施塔特在《舵手的视界：在一个变革时代中领导美国大学》一书开篇的这段话，刻画了当代大学校长崇高的社会地位及其享受的无尽尊荣。然而，在这无尽的荣耀背后，当代大学校长却面临着巨大的生存压力。当代大学校长之路上的各种风险、压力与挑战不仅让很多人都望而却步，而且让身处其中的人面临着一个进退两难的发展困境。

和过去相比，现在要想找到高素质的人担任大学校长变得更加困难，尤其是和20世纪60年代相比更是如此。20世纪60年代是美国高等教育发展的"黄金十年"，涌现了一大批优秀的大学校长和高等教育家，其中最为杰出的代表当属加利福尼亚大学校长科尔。现在优秀大学校长的选拔变得如此困难，最大的原因在于仅有一半的高级学术行政管理人员对这个职位感兴趣，而他们是新任大学校长最大的一个单一来源。之所以出现这种情形，与大学校长在专业发展过程中面临的各种不确定性、在日常工作中面临的巨大压力及其职业上升通道的狭窄有密切关系。

通常情况下，从学术研究步入学术管理相对容易，而从学术管理重返学术研究则极为困难，这两大群体之间的流动是单向的。这使学术行政管理人员的专业发展通道也是单向的。一旦步入行政管理领域，学术行政管理人员就没有回头路可走，想再重新成为原专业的杰出教授已断无可能。杜德施塔特指出："这导致另一个更加让人进退两难的局面。一个人在学术领导的阶梯上不断地上升，而脚下返回教师队伍的梯级却被一个个地烧掉，总有一天会触到上升的天花板，而此时他除了跳到另外一所学校的梯子上之外别无选择。在一个大学里，学术行政管理职位的金字塔在塔尖迅速收缩，它所能提供的位子急剧减少，而且这些职位很少会在学术型的领导想（或需要）往这个阶梯的再上一级梯级前进时出现。常常唯一可行的办法就是在目前这所学校之外寻找跳到另一所大学行政职位上去的可能性——有时候是跳到高的一级梯级，有时候则是平级。"

大学校长由于职业上升通道的有限性而使其流动性很高，现在有越来越多的大学校长开始像职业经理人那样在不同的大学之间来回任职。"很多高层的学术领导都有一份看起来特别像一个公司高管的履历。他们从一个领导阶梯上跳到另一个领导阶梯上，从一个学校漂到另一个学校，远离了他们的学术活动和对所在学校的忠诚。"这给大学校长专业发展的稳定性和可持续性提出了严峻挑战，并考验着大学校长对所领导的大学的忠诚。而杜德施塔特在52岁卸任密歇根大学校长之时，并没有像绝大多数大学校长那样选择去其他

大学或社会专业组织中任职，而是以一个优秀大学校长的智慧做出了明智选择，留在密歇根大学继续从事高等教育的理论研究与实践探索，成功实现了从研究型大学校长向高等教育战略思想家的转型，并对大学校长专业发展的可持续性进行了新的尝试与探索。

只有摆脱校长的行政职务，超越一所大学的经验，才能从事高等教育研究，并成长为一位高等教育战略思想家。杜德施塔特卸任校长后启动的新千年计划为他实现从大学校长向高等教育战略思想家的转型提供了一个舞台。他深知只有超越学院派的高等教育研究，才能在一个更高的层次和水平上推动高等教育的进步。以新千年计划为基础和平台，杜德施塔特继续从事高等教育创新的实践探索，积极参与高层次的高等教育宏观理论与战略研究，在著书立说之外还组织发起或参与了很多高层次的高等教育论坛，在世界范围内就21世纪高等教育和研究型大学面临的危机、挑战和机遇展开研究。他在把新千年计划打造成一个世界性高等教育研究合作网络的同时，让自己的视野也超越了密歇根大学这一所学校的局限，从而成为一位高等教育战略思想家，并在这一过程中对研究型大学校长卸任后的专业发展进行了出色探索，其中最具有代表性的案例当属其大力推动和组织的"格里昂会议"（Glion Colloquium）。

四、21 世纪研究型大学创新发展的战略思想库：格里昂会议及启示

1998 年 5 月，包括杜德施塔特、加州大学的赫希（Werner Hirsch）、日内瓦大学的韦伯（Luc Weber）等在内的高等教育学界领袖齐集瑞士小镇格里昂，为联合国教科文组织即将于法国巴黎召开的"21 世纪世界高等教育大会"起草题为《格里昂宣言：新千年的大学》的会议报告，后来逐渐发展成每两年召开一次的高等教育高峰论坛，其间会集了众多来自高等教育界、企业和政府中的名流和领袖，研讨的主题是研究型大学的未来，每次讨论的论题各不相同，自 1998 年以来已经召开了六届，议题涉及 21 世纪研究型大学创新发展的多个方面，从高等教育面临的挑战这样的一般性课题，到高等教育治理方式的变革、学术科研形态与方式的变化、研究型大学的创新与再造、大学和企业界的合作关系、高等教育的全球化等，不一而足。

格里昂会议最初仅局限于欧洲和北美高等教育界，参与者全部来自西欧和美国的著名研究型大学。随着影响的不断扩大，从 2007 年开始，格里昂会议逐渐演变成一个全球性的研究型大学创新发展论坛，引起了全球各地优秀研究型大学领导人的兴趣和关注，参与者中陆续出现了澳大利亚、巴西、中国、印度、日本、韩国、黎巴嫩、俄罗斯、新加坡等国家和地区的著名高等教育机构负责人和一流大学校长的身影。现在，格里昂会议的影响力已经超越了欧洲和北美，发展成为一个全球性的 21 世纪研究型大学创新发展学术论坛，

参与者的身份也越来越多样化。

除了重要组织者杜德施塔特之外，格里昂会议的参与者还包括世界一流大学的荣休校长和现任校长，以及著名高等教育组织的领导人，如：美国大学协会、美国教育委员会、国际大学协会、欧洲大学协会等，知名企业和基金会，如：美国惠普公司、瑞士雀巢公司、英国英格兰银行等也是格里昂会议中的重要参与者。他们共同构成了一个代表性广泛的超豪华高等教育研究阵容，其中包括麻省理工学院荣休校长、美国国家工程院院长维斯特，明尼苏达大学荣休校长、美国国家州立大学和赠地学院协会主席哈塞尔曼，伊利诺伊大学荣休校长、美国教育委员会第 10 任主席伊肯伯里（Stanley O. Ikenberry），威斯康辛大学麦迪逊分校荣休校长、美国教育委员会主席第 11 任沃德（David Ward），加州大学总校荣休校长加德纳，康奈尔大学荣休校长罗兹，瑞士苏黎世联邦理工学院荣休校长尼施（Jakob Nuesch），斯图加特大学荣休校长齐格勒（Heide Ziegler），日内瓦大学荣休校长韦伯，约翰·霍普金斯大学校长布罗迪，意大利佛罗伦萨大学校长布拉西（Paolo Blasi），比利时鲁汶大学校长克罗谢（Marcel Crochet），荷兰特温特大学校长菲赫特（Frans Van Vught），瑞士洛桑国际管理发展学院校长洛兰（Peter Lorange），兰卡斯特大学校长韦林斯（Paul Wellings），英国开放大学校长古尔利（Brenda Gourley），奥地利维也纳大学校长温克尔（Georg Winckler），英格兰高等教育基金委员会主席纽比（Howard Newby）等。

格里昂会议之所以能够维系下去，不断发展壮大，并取得成功，杜德施塔特功不可没。杜德施塔特作为最早的参与人之一，从 2003 年就开始担任格里昂会议组织委员会的联席主席。他不仅积极参与学术讨论，还为研讨会的召开以及论文集的结集出版做了大量组织工作，成为其中的一个重要角色和核心的灵魂人物，塑造和引领着这个专业的高层次高等教育论坛的前进方向，并开辟了优秀大学校长在卸任之后可持续性专业发展的新道路。而杜德施塔特之所以能为格里昂会议做出如此大的付出，他创建的新千年研究计划这一平台给他提供的支持尤为关键。从新千年计划到格里昂会议，我们可以从中一窥研究型大学校长卸任后专业发展的基本轨迹及其所昭示的未来前景。格里昂会议与常见的那些松散随机的大学校长论坛不同。它是一个成建制的高层论坛，有专门的组织机构，有稳定的参与人员，有持续的推广计划，研讨的时间更长且学术性更强，会议结束之后还出版专门的论文集。它在某种程度上展现了高等教育研究的新动向。

格里昂会议的参加者主要由四个方面的人士组成。第一是著名研究型大学的现任校长，第二是研究型大学的荣休校长和高等教育专业组织的领导人，第三是对高等教育问题感兴趣的学者，第四是来自企业界和基金会的人士。这四方人士能坐在一起就 21 世纪研究型大学的创新发展进行研讨，本身就不同凡响且耐人寻味。这几个群体在高等教育研究上可以说是既各有所长，又各有不足。一流研究型大学的现任校长是对高等教育尤其是研究型大学发展中的种种现实困惑与挑战了解最深刻的人，他们的独特贡献在于提出研究型大学当前面临的挑战，而他们最需要的则是应对这些挑战的措施与建议。荣休校长和高等教育专业组织领导人是在高等教育尤其是研究型大学创新发展上经验最丰富的人，他们的独特贡献在于其丰富的阅历和实践经验，而他们需要的则是拥有一个成熟稳定的可以发挥余热的平台和环境，让他们能有机会对实践经验进行全面系统的总结与反思，并与同行共享。对高等教育问题感兴趣的学者既没有现任校长的敏感，也没有荣休校长和高等教育专业组织领导人的经验，但他们在高等教育学术理论方面的素养深厚，而且由于所处位置不同，从一个普通学者的视角对高等教育和研究型大学的发展有其独特的认识与理解，可以给一直处于象牙塔塔尖上的现任校长和荣休校长以及高等教育专业组织领导人提供不可多得的学术材料和信息。

众所周知，传统的高等教育研究力量主要可以划分为两股：一股是专门从事高等教育学术研究的学院派学者，另一股则是以大学校长为代表的高等教育行政管理人员。长期以来，这两股研究力量各自都局限于自己的圈子里而缺乏制度化的有效沟通和交流。在访谈中，杜德施塔特对此也深有同感。一般来说，学院派的高等教育学术研究人员拥有深厚的理论功底和严谨的研究规范，而实践派的高等教育研究者则更富有战略眼光和实践经验。只有他们二者结合才能大大推进高等教育研究。在格里昂会议上就出现了这种大学校长和高等教育学院派学者会聚一堂的景象，这正是未来高等教育研究的希望。来自企业界和基金会的人士属于一个高等教育系统之外的群体，尽管他们对高等教育的理论和实践问题不是那么敏感，却代表了社会和公众对研究型大学创新发展的一般要求。他们的意见对研究型大学如何在社会经济发展中进一步巩固其优势地位无疑也极其重要。这四大群体在格里昂会议上坐在一起，可以说是在最大范围内整合了高等教育的研究力量，各派相互汲取对方的长处，形成了一个推动高等教育理论探索与实践创新的超循环结构，让21世纪研究型大学创新发展的经验与实践在这个特殊的共同体之内生生不息，同时也为研究型大学校长的可持续性专业发展开辟了新道路。

中国大学校长的可持续性专业发展不仅需要新的制度环境和土壤，而且需要新的价值尺度和目标与政策导向。如果说宏观层面上的制度环境与土壤再造、新价值制度的树立和目标与政策导向的确立非一朝一夕所能完成，那么在微观层面上对大学校长卸任后可持续性的专业发展之路展开探索不仅可行，而且是必需的。杜德施塔特在卸任密歇根大学校长后，以新千年研究计划为基础，通过组织格里昂会议尝试推动的这一成功的体制和机制创新，不仅对中国大学校长的职业发展具有重要启发，而且对中国高等教育研究的创新发展具有重要启示。我们期盼着在格里昂会议上出现越来越多的中国大学校长的身影，在中国高等教育领域出现一个"格里昂会议"。

第三节 当代大学校长研究与高等教育研究创新

当代大学校长不仅是高等教育研究的重要对象和重大课题，而且是一支可以从事高层次高等教育研究的重要力量，而创造优秀大学校长从事高水平高等教育研究的土壤、条件和价值导向，则是 21 世纪中国高等教育研究创新面临的使命与挑战。

一、当代大学校长研究是高等教育研究的重要对象和重大课题

大学校长在当代高等教育领域中扮演着独一无二的重要角色。他们不仅是规模庞大的当代研究型大学的首席执行官，还是具有重要社会影响的公众领袖；他们不仅要对一所历史悠久的研究型大学的学术质量和社会声望负责，还是社会精神与公共价值的守护者，并代表着学校在公众心目中的形象，在使研究型大学保持公众信任并服务于国家需求上负有义不容辞的责任。从这一意义上讲，研究型大学校长这一职位不仅意味着崇高的社会荣誉，还意味着巨大的公共责任。但将大学校长作为一个专业化极强的职业道路展开深入系统的研究，却至今在我国没得到应有的重视。大学校长从选拔到培养都具有很强的随机性质。甚至还有人认为，随便在大学里挑选一个学有所成的学者出任大学校长都绰绰有余。而隐藏在这种观点背后的则是这样一种错误观念，即如果一个人能成为优秀的教授和学者，那么他的这些学术技能将可以轻而易举地迁移到学术行政管理这样的专业岗位上去。然而事实上却并非如此。

学术研究与学术管理是两个截然不同的领域。从事学术管理的人必须具备一定的学术素养，对学术研究的各个方面都有深刻理解，但仅有学术素养并却并不一定能成为一个成功的学术领导者。学术行政领导除了要具备一定的学术素养之外，还必须具备其他一些能力。学术管理是一个不同于学术研究的职业阶梯，而站在这一职业阶梯顶端的大学校长要具备的素质与能力就更多了。当代研究型大学正变得越来越复杂，并面临着越来越多的现实挑战。大学校长不仅要面临日益减少的发展资源、不断削减的研究经费、迅速发展的信息技术的挑战，还要直面各种相互冲突的公众期许，并负有激励和推动大学变革、增加入学机会、提升校园多样性等很多其他的重要责任。这使对当代研究型大学校长的素质要求更高。当代大学校长显然是高等教育研究的重要对象和重大课题。系统开展对当代研究型

大学校长的研究是 21 世纪高等教育研究的时代呼唤，应该成为我国高等教育研究的一项重要内容。

当代大学校长是驾驶大学这艘古老航船在信息化与全球化合流的 21 世纪继续乘风破浪、一路前行的舵手。他们不仅领导着一个大学的变革事业，丰富着它的历史传统与文化精神，而且作为一个群体引领着整个高等教育乃至人类科技与文化发展的方向。他们是高等教育创新发展中的灵魂人物，在数十年的学术行政管理实践中尝尽了酸甜苦辣，深谙个中滋味。在领导大学变革事业的进程中，他们既积累了丰富的经验，也必然会有很多沉痛的教训，并最终形成了独特的大学理念和高等教育思想。当代大学校长研究首先要对此进行系统总结和阐述。这对丰富高等教育研究的思想宝库，指导未来高等教育创新与发展的实践具有重要价值。当代大学的治理日益复杂，大学校长业已发展成一种独特的专门职业。因此，当代大学校长研究还要把校长作为一种专门职业，把当代大学校长作为一个独特的社会精英群体，系统考察他们职业生涯发展的各种规律，并走进其独特的内心世界，揭示他们面临的各种困惑、风险、挑战与压力。这不仅可以让社会公众一览当代大学校长的精神风貌，对这一独特的社会精英群体的生存状态有更多的认识与了解，还可以为他们中的后来者提供更多有益借鉴，对降低其专业发展过程中的各种风险和压力，促进他们在学术行政管理这一专业发展之路上的可持续性成长具有不可估量的价值。

大学校长研究是高等教育治理研究的一项重要内容。美国高等教育领域历来就非常重视对大学校长，尤其是当代研究型大学掌门人的研究。自殖民地时期以来，大学校长就在美国高等教育的创新发展上扮演着重要角色。正是一代又一代杰出的大学校长和高等教育巨人塑造了今日美国大学的面貌。进入 20 世纪 70 年代之后，美国高等教育的黄金岁月结束，研究型大学的生存环境发生了巨大变化，大学校长的职业生涯和专业发展也面临着新挑战。越来越多的董事会成员开始对校长的工作不满意，同时也有越来越多的大学校长对他们的位置不满。美国大学校长的生存环境发生了显著变化，并表现出许多新的发展趋势。如何认识美国大学校长群体出现的这些新变化并把握他们所面临的各种新挑战，成为高等教育理论与战略研究中亟须关注并亟待解决的重大现实问题。系统开展对大学校长的研究已成为高等教育理论与实践发展的热切呼唤。各高等教育的专业组织正是敏锐把握了高等教育时代发展的脉动，从 20 世纪 80 年代初就开始把大学校长作为一种专门职业进行了系统研究，从而成为当代大学校长研究的开创者和中流砥柱。它们的工作为变革与转折时代美国大学校长的专业发展提供了宝贵的智力支持，有力地促进了美国高等教育事业的健康与可持续发展。

在这些专业组织中，最有代表性的是美国高等院校董事会协会和美国教育委员会。美国高等院校董事会协会创建于 1921 年，是美国唯一一个服务于大学董事会、大学校长和其他高级行政管理人员的全国性学会。它的使命是通过各种学术研究、服务项目和行动倡议，加强和维护美国大学独特的治理方式，目标在于推动美国大学"市民信托的董事制度"（citizen trusteeship）的实践，以确保美国高等院校的质量和使命的成功。该协会选择与大学治理和校长领导力发展有关的重大议题，吸引各方人士和组织的兴趣，引领着美国高等教育管理的创新发展和当代大学校长研究的潮流。加强对大学校长的专门研究正是其履行使命、实现目标的一项重要举措。除了在每年一度的年会上宣读数量众多的专题研究论文之外，美国高等院校董事会协会还自 20 世纪 70 年代末开始，投入了大量的人力、物力，组织了专门的研究团队，对大学校长展开专门研究，并出版了大量专题报告。这些报告无论在系统性还是在权威性上都远非传统高等教育研究学者所能企及。

美国教育委员会则是美国高等教育领域唯一一个代表大学校长的专业组织。自 1918 年成立以来，该委员会就一直为美国高等教育的发展提供着坚强的领导力，并在国家高等教育和科技文化发展政策上代表大学校长们发出自己的声音。它早在 1965 年就设立了高级研究计划（ACE Fellows Program），为美国大学的高层行政领导提供培训。美国教育委员会在高等教育领导力方面的研究与发展项目多种多样，从校长领导力到系主任领导力的培养，不一而足。这些项目主要针对以下三大人群：大学校长、教务长及副校长、其他高校行政管理人员。专门针对大学校长的项目在形式上则有校长研讨会与圆桌论坛、女校长高峰会、有色族裔校长高峰会、校长顾问网络等。为了有效推进对大学校长的研究，美国教育委员会设有专门的"有效领导力委员会"，负责为其提供这方面的建议。"有效领导力委员会"还是一个专门针对大学校长的论坛，让他们可以在此就高等教育创新发展的各种议题进行探索，并分享其领导大学变革的经验。美国教育委员会主办了一本专门针对大学校长的旗舰杂志《校长》（The Presidency）。这既是一本专门为大学校长出版的刊物，上面大部分的作者也是大学校长，该杂志成为一块稳定的大学校长交流园地。

二、优秀大学校长是高等教育研究创新的一支生力军

当代大学校长研究是 21 世纪高等教育研究创新的一块重要的"试验田"。然而，当代大学校长研究要想取得成功和重大突破，吸引那些拥有校长职业经历的高等教育管理者参与非常关键。优秀大学校长不仅是高等教育研究的一个重要对象和重大课题，还是一支重要的研究力量。在这方面，高等院校董事会协会和一大批杰出的高等教育家做出了表率。1982 年，在时任主席盖尔（Robert L. Gale）的倡议下，高等院校董事会协会成立了"加强校长领导力委员会"，著名大学校长、高等教育家和一代高等教育巨人科尔担任委员会主席。

大学校长这个独特的社会群体为经济繁荣、社会发展、文明进步做出了重大贡献，却没有得到社会公众应有的理解和重视。在过去太长的一段岁月里，人们想当然地认为大学校长是自在自为的，缺乏深入专门的研究，对他们面临的各种压力与风险也缺少关注和关心。科尔领衔的这项研究通过大样本人物访谈，以大量第一手资料全面呈现了美国大学校长这一独特群体的精神风貌，真切展现了美国大学校长在专业发展之路上面临的各种社会压力、思想困惑、现实风险和体制障碍，开辟出了一块不同于传统高等教育理论研究的新天地，更重要的是，它开创了组织大批优秀大学校长大规模从事高等教育研究，尤其是大学校长研究的先例。就此而言，它可谓史无前例。这是高等教育历史上规模最大、系统性最强的一个大学校长专题研究，不仅对当代大学校长面临的各种挑战与限制进行了全方位阐述，对如何加强大学校长的领导力提出了切实可行的建议，还把社会公众的注意力重新吸引到了当代社会见得最多但认识却最少的社会群体——大学校长身上来了。它奠定了当代大学校长研究的基本思路、研究框架与问题疆域，堪称当代大学校长研究的一个里程碑。

1984年和1986年，这项研究的两份报告《校长很重要：加强高等院校中的领导力》和《大学校长的多样生活：时间、地点和特征》相继问世，引起了强烈反响。在《校长很重要：加强高等院校中的领导力》中，科尔等人发现，在20世纪60年代到20世纪80年代的20多年时间里，绝大多数校长，特别是公立大学校长的权力面临严重削弱。他们面临各种限制：来自联邦政府和州政府对大学的更多控制；司法机关对大学与学术决策过程的更多参与；有更多的目标要实现而越来越多的目标却模糊不清；大学校园社群越来越分化成各种特殊利益集团，他们相互之间的共识越来越少，对学校共同体的认同越来越低；董事会成员对学校日常决策参与得越来越多；学术行政管理越来越官僚化和科层化，技术官僚的影响越来越大；大学在成长中实现变革的机会越来越少；包括高等教育在内的整个美国社会对权威的接受程度越来越低等。这些都是当代大学校长必须面对的挑战。

大学要想吸引到更多的资源并充分利用这些资源以实现其效能最大化，说服社会公众支持高等教育，招募到有能力的教师和员工并留住他们，保持和加强大学的组织多样性，提升大学社群的认同感，解决各种内部冲突并消除各种误解，消解各种特殊化带来的负面影响，捍卫大学的自治权利和教师的学术自由，形成一个应对未来挑战的发展愿景和战略规划，非加强大学校长的领导力不可。大学校长不可能以一己之力独自实现上述目标中的某一个，但若没有其个人的贡献和努力，上述任何一个目标都不可能得到最大限度的实现。因此，要在全社会，特别是在高等教育领域内形成共识：尽管大学校长面临着各种掣肘和限制，但要努力创造各种条件和机会，让他们可以更好地领导大学。大学校长的中心任务是确保高等教育机构的总体利益和长远福祉，这在过去的岁月里却常常遭到不必要且不明智的削弱。高等教育领域内的所有利益相关者都要对当代大学校长面临的这种职业生存状况和专业发展境遇进行重新审视与思考。如果大学校长的权威被继续削弱，每一所大学都会深受其害。加强大学校长的领导力、推进对当代大学校长的专门研究是高等教育领域面临的一个重大课题，而这少不了一批优秀大学校长的支持和参与。

在推出了1984年的这份报告之后，科尔及其同事们再接再厉，继续把大学校长研究引向深入。他们以大量的第一手访谈资料为基础，对美国大学校长的职场人生和生存状态进行了深入分析，向社会公众充分展现了当代大学校长面临的各种压力，并在此基础上历经两年多的研究于1986年正式推出了第二份报告——《大学校长的多样生活：时间、地点和特征》。在《大学校长的多样生活：时间、地点和特征》中，科尔及其合作者对不同类型的大学校长具有的不同背景、他们在校长位置上待了多长时间、离任之后的去处以及影响其工作绩效的各种内部和外部因素等进行了详细考察。与第一份报告以加强大学校长的领导力不同，这一份报告把关注焦点放在了对大学校长多样生活的刻画上。它的主旨在于加深社会公众对大学校长这一社会群体的认识。一千所学校就会有一千个不同的大学校长。要想理解大学校长，把握其各不相同、各具特色的职业背景与生活环境无疑是非常重要的。只有把大学校长放在他们生活的特定历史背景和独特社会环境下，才能真正理解其所思所想与所作所为，真正走进其内心世界，也才能真正把握他们在职业生涯之路上的独特心路历程。在《大学校长的多样生活：时间、地点和特征》中，科尔及其同事们一次又一次向人们展示了大学校长这个社会群体所处的孤立无援的困境以及他们经历的莫可名状的孤独感。这种深刻的情感体验只有那些真正担任过大学校长、品尝过其中酸甜苦辣的人才有。

1995年，高等院校董事会协会又成立了"大学校长委员会"（Commission on the Academic Presidency），对即将领导美国高等教育迈入21世纪的大学校长面临的新挑战进行了考察，并于1996年发布了《让大学校长重新焕发活力：艰难时世的坚强领导力》的报告，系统概括了在当前和未来一段时间内大学校长面临的各种挑战，针对如何加强大学校长在领导大学应对挑战的过程中承担的领导责任提出了意见和建议。委员会在报告中提出：校长应该对自己承担的治校责任清晰明了，以降低在决策过程中其权威性的模棱两可；董事会应该对工作卓有成效的校长给予支持，特别是当其处在各种内部和外部利益相关者连续不断的批评和围攻时；教师应该确保他们对其所在专业做出的承诺与对整个学校发展目标所做出的承诺这二者之间的协调一致；政府决策者应该降低交流中的繁文缛节，进一步增强对大学校长任职期间工作绩效的问责制。让教师分享管理权的传统大学共治制度是当代大学许多弊病的根源，应重振大学校长负责制，在整个高等教育界引起了激烈争论，并招致了很多学院派高等教育学者的强烈批评，但也因此而推进了当代大学治理的研究与实践的进展。然而，随后在美国高等教育领域兴起的公司化治理方式及其对大学效率的提升却验证了这份报告的先见之明。现在，这篇50页的报告已成为大学校长、董事会成员和政府决策者的一份"必读"文献。高等院校董事会协会甚至评价这个委员会的工作为当代大学校长研究"开辟了新道路"。而在起草这份报告的"大学校长委员会"22位成员中，绝大部分都有在高等教育机构中担任高级学术行政领导的经历，很多人甚至就是大学校长或荣休校长，如：康奈尔大学校长罗兹等。他们拥有丰富的学术行政管理经验，深谙高等教育治理存在的问题与挑战及其发展趋势以及大学校长的生存境遇。这正是他们从事高等教育研究的独特优势，也是这份报告之所以能取得成功的关键。

2005年，高等院校董事会协会组织成立了"美国大学校长现状研究工作组"，对当代大学校长面临的专业发展新情势进行又一次全面评估。工作组历经一年多研究之后发布了《领导力不可或缺》的报告。杜德施塔特作为这个工作组的重要成员之一，参与了专题研讨和报告撰写。这份报告把关注焦点放在大学校长和董事会二者之间的关系上，认为美国高等教育在步入21世纪时面临着诸多挑战，要想成功应对这些挑战，大学校长和董事会之间的关系以及校长领导力的发挥是关键。没有任何一个社会机构的领导人能像大学校长那样给他所领导的机构注入如此多的个人色彩，大学校长必须在维护学校的学术诚信和声誉上发挥独特的领导作用，他的首要职责是不断获取社会公众对高等教育的理解与支持。当大学面临各种新的外部挑战时，校长必须能领导学校渡过各种激流与险滩。而要想成功做到这一点，大学校长和董事会之间的合作休戚相关。

美国高等教育历经数百年发展，已经形成了一套以大学校长和董事会为核心的稳定治理制度架构。然而，这套制度在信息化和全球化合流的21世纪却面临着新挑战。工作组专门指出：一种合作性的却具有决断性的新型领导力——整体领导（integral leadership），是解决大学校长和董事会之间关系等各种问题的关键，并针对这一问题分别面向大学校长、董事会和政府决策者等相关各方提出了意见和建议。高等院校董事会协会主席莱贡（Rick Legon）认为这个工作组的水平是"第一流的"。但倘若没有包括杜德施塔特在内的一批优秀大学校长参与其中，很难想象这份研究报告能获得如此评价。报告中对"组织世家"与校长治校的高度关注更是深深地打上了杜德施塔特的个人烙印。

三、创造我国优秀大学校长从事高水平高等教育研究的土壤和条件

当代大学校长研究在美国已经形成了一定规模并取得了大量成果，对大学校长可持续

性专业发展发挥着不可替代的重要指导作用。除了具有重大影响力的高等教育专业团体开展的有组织地对大学校长的系统性研究外，传统教育研究领域从事高等教育研究的学者也对大学校长进行过系列研究，并取得了很多有益发现，为当代大学校长研究贡献了自己的力量。尤其值得指出的是，为数众多的大学校长在卸任后出版了大量高等教育研究的专著和个人回忆录，其中饱含着他们数十年来从事高等教育行政管理的经验之谈，尤其是他们担任大学校长期间经历的各种酸甜苦辣、收获的各种经验教训。这些作品虽不敢说是字字珠玑，却也不乏肺腑之言，蕴含着他们独特的人生经历和职业感悟。从中我们可以一窥当代大学校长这一独特社会精英群体鲜为人知的内心世界与情感体验。而在这一过程中，大批优秀大学校长扮演了重要角色，推动了当代大学校长研究乃至整个高等教育研究的成长与进步。反观中国高等教育学术界，尽管对一些知名高等教育家学术思想的研究已经取得了很多成果，也陆续翻译了一些以大学校长为研究对象的外文著作，但对当代大学校长的个案研究以及对这一社会群体的整体关注却相对不足，尤其是在研究过程中缺乏大批优秀大学校长的亲身参与，这使我国的大学校长研究乃至整个高等教育研究和国外相比，无论是在战略高度还是在思想深度上都还存在较大差距。由于大学校长的缺席，我国的高等教育学术研究对高等教育创新发展和一流大学建设缺乏其应有的战略指导价值和现实针对性。

中国高等教育自戊戌变法之后，历经百年风雨与波折，始终与国家民族同呼吸、共命运，造就了从蔡元培到梅贻琦的一代又一代杰出的大学校长。我们已经欣喜地看到，对我国高等教育领域一些著名大学校长的专题历史研究已经起步并取得了系列成果，其中以山东教育出版社出版的十卷本"中国著名大学校长书系"影响最大。这套系列丛书对包括北大校长蔡元培、辅仁大学校长陈垣、浙江大学校长竺可桢、南开大学校长张伯苓、清华大学校长梅贻琦、南洋大学校长唐文治、东南大学校长郭秉文、金陵女子大学校长吴贻芳、复旦公学校长马相伯、金陵大学校长陈裕光在内的中国 20 世纪 50 年代之前最杰出的高等教育家的治校思想与人生经历进行了全面考察，可以说是对 20 世纪上半叶我国优秀大学校长的一次集体检阅，对民国时期大学精神的一次系统总结。丛书主编章开沅先生也因此成为我国当代优秀大学校长从事高水平高等教育研究的先行者。

20 世纪 80 年代以来，伴随着社会的发展、文明的进步和思想的解放，在我国高等教育重新起步并迅速发展的潮流中成长起来的一批优秀大学校长在卸任之后，近年来也陆续发表了一些回忆文章或出版了回忆录，对自己从事高等教育管理的实践，尤其是担任大学校长期间的得失与成败进行了系统回顾与反思，其中不乏对中国高等教育的热爱和对中国大学发展的真知。他们的学术思想和职业经验也是我国高等教育，尤其是研究型大学在

21世纪创新发展不可忽视的一个宝贵思想资源。我国高等教育学术界不仅要大力开展对历史上知名高等教育家的系统研究，还要大力开展对我国当代一批优秀研究型大学校长的全面研究，让他们的经验与智慧不因岁月流逝而蒙尘，能迅速转化为富有针对性和指导性的思想与理论而泽被后世。这样不仅可以开辟当代大学校长研究这一新领域，增强我国高等教育研究的影响力和时代感，还可以为我国大学校长的专业发展提供可靠的经验基础和智力支持。

事实上，尽管现代高等教育在我国的发展历史较短，却形成了教育家治校的优良作风。自蔡元培开始，我国大学校长就有着站在民族富强和文化复兴的高度从事高等教育实践与研究的传统。蔡元培、张伯苓、梅贻琦、蒋梦麟、傅斯年、罗家伦正是这一传统最重要的开创者、保持者和发扬者。中华人民共和国成立之后，又涌现了一批以蒋南翔为代表的社会主义高等教育家，使这一阵容更加发展壮大。只是后来由于社会历史风云的变迁，这一传统曾一度中断和失落，但并没有完全失传。改革开放以后，优秀大学校长从事高水平高等教育研究的事业重新起步。可是，对我国当代大学校长和高等教育的研究必须有一大批优秀大学校长的参与，因此，为他们创造相应的制度环境，并有专门的组织来策划和运作就显得非常迫切。我国有必要建立一些像美国高等院校董事会协会这样的专业组织，来系统开展对高等教育和大学校长这一职业的专门研究。中国大学校长联谊会就是一个有望可以承担这一重大使命的专业团体。中国大学校长联谊会成立于1997年，成员包括中国内地的七所名校和中国香港地区的三所研究型大学，宗旨是组织、协调有关中国高等教育的教学和科研力量，深入探讨未来高等教育的发展，为有关的高等教育决策提供专业依据。联谊会成立二十多年来，围绕中国一流研究型大学的建设、创新与发展开展了许多卓有成效的工作，但对大学校长个人的专业发展以及这一社会群体面临的种种压力与困惑却关注不足。作为大学校长的一个组织团体，中国大学校长联谊会开展大学校长专业发展的系统研究不仅具有得天独厚的便利条件，而且具有无与伦比的社会影响力，理应承担起我国当代大学校长研究这一重任，吸引更多的大学校长参与其中，推动这项研究不断走向深入。

但凡是高等教育战略思想家，一般都要完成两次跨越。要想走上高等教育管理的舞台并取得成功，任何人都必须完成从一个专业领域的出色学者到优秀高等教育管理者和大学掌门人的转变。然而，从大学掌门人到高等教育战略思想家的跨越却并非每位大学校长都可以做到。第二次跨越比第一次跨越的风险更大、付出更多。它不仅需要相应的制度保障和价值导向，而且跨越者也要有摆脱名利、舍弃权位的勇气和智慧，并为自己的跨越找到一个支点，开辟一个方向。杜德施塔特能实现从优秀研究型大学校长向杰出高等教育战略思想家的跨越，不仅因为他有"敢于舍"的勇气，更因为他有"如何得"的智慧。美国大学校长相对宽广的职业发展选择和"能上能下"的良好价值导向也在其中发挥了重要作用。经过第二次跨越，我们看到了一个洗尽铅华、本色愈显的高等教育战略思想家杜德施塔特。对当代中国大学校长而言，他们不仅面临着杜德施塔特曾经遭遇的问题，还由于中国大学现在越来越浓厚的行政化色彩，他们在专业发展之路上面临着更多的挑战和诱惑，使他们的第二次跨越更加艰难，而这越发凸显了在我国系统开展当代大学校长研究，并为优秀大学校长创造从事高水平高等教育研究的条件的重要价值和迫切程度。

中华人民共和国成立之后，这样的大学校长则更不多见。因此，为在位和退休之后的优秀大学校长创造从事高水平研究的土壤、条件和价值导向，促使更多的优秀大学校长成长为高等教育战略思想家，并由此加强我国与世界著名大学校长和高等教育战略研究专家之间高层次、高水平的交流与合作，不仅是提升我国高等教育研究水平的必然选择，而且是引领我国一流大学走向世界舞台的必由之路。只有开创出这样一条新路，在21世纪的世界大学文化创新发展中才能出现中国的身影和声音。

参考文献

[1] 肖苏. 天赋与卓越——国际视野下英才教育的政策与实践（基础教育国际比较研究丛书）[M]. 上海：上海教育出版社，2020.11.

[2] 杨秀英，兰小云. 国际视野下的职业院校专业教师培养研究与实践[M]. 上海：上海交通大学出版社，2018.12.

[3] 杨华智."明教育"的理论与实践[M]. 成都：成都时代出版社，2021.04.

[4] 宁莹莹. 现代职业教育理论与实践探索[M]. 长春：吉林人民出版社，2021.10.

[5] 张红勋. 普通高中创新教育的理论与实践[M]. 北京：中国国际广播出版社，2021.06.

[6] 王洪才. 教育研究方法论与高等教育学建构[M]. 北京：光明日报出版社，2019.05.

[7] 马卉，夏倩. 视障高等融合教育理论与实践[M]. 武汉：武汉理工大学出版社，2021.12.

[8] 施春宏. 国际中文教育理论与实践汉语教学理论探索[M]. 北京：商务印书馆，2021.08.

[9] 伍海琳，张曼，刘思萌，等. 研学旅行创新创业教育理论与实践[M]. 成都：四川大学出版社，2021.12.

[10] 贺宇良. 自教育理论与实践[M]. 石家庄：河北教育出版社，2020.01.

[11] 邹晓东，陈珍国，侯久. A-STEM：推动中国STEAM教育的理论与实践[M]. 上海：上海科学技术文献出版社，2020.09.

[12] 赵样. 开放式教育理论与实践研究[M]. 西安：西北工业大学出版社，2020.10.

[13] 王增明，高嵘，赵剑勋. 袁敦礼体育教育理论与实践[M]. 西安：三秦出版社，2019.12.

[14] 张璐. 早期STEM教育的理论和实践[M]. 上海：立信会计出版社，2019.11.

[15] 刘文清. 终身教育理论与实践探索[M]. 北京/西安：世界图书出版公司，2019.01.

[16] 赵洪利. 在线教育理论与实践[M]. 北京：北京理工大学出版社，2018.09.

[17] 王喜娟，张进清. 新加坡、马来西亚高等教育改革与发展[M]. 桂林：广西师范大学出版社，2017.06.

[18] 吴淑美. 融合教育理论与实践 [M]. 北京：华夏出版社，2018.06.

[19] 李芳霞. 蒙台梭利教育理论与实践 [M]. 北京：九州出版社，2018.03.

[20] 于伟. 率性教育的理论与实践探索 [M]. 北京：教育科学出版社，2018.08.

[21] 陈桦. 创办一流教育的理论与实践探索 [M]. 西安：陕西人民出版社，2018.

[22] 陈虹，赵志强. 高等教育改革与建设 [M]. 北京：文化发展出版社，2021.12.

[23] 张斌贤，李子江，王慧敏. 美国高等教育变革 [M]. 北京：教育科学出版社，2017.10.

[24] 别敦荣. 高等教育管理探微 [M]. 厦门：厦门大学出版社，2021.01.

[25] 祝朝伟. 高等教育教学改革研究 [M]. 成都：四川大学出版社，2019.11.

[26] 马永霞，窦亚飞. 高等教育组织与管理 [M]. 北京：北京理工大学出版社，2020.10.

[27] 冯维. 高等教育心理学 [M]. 重庆：西南师范大学出版社，2020.05.

[28] 邝邦洪. 高等教育的实践与探索 [M]. 广州：广东高等教育出版社，2020.01.

[29] 吴爱萍. 高等教育的发展与管理实践 [M]. 长春：吉林出版集团股份有限公司，2020.05.

[30] 谢铮，宿哲骞，王昕晔. 高等教育实践研究与应用 [M]. 长春：吉林人民出版社，2019.12.